프롤로그

:הניב מישדק תעדו הנהי תארי המכח תלחת

미래를 알고 싶었다.
아니 그 보다 미래를 준비하고 싶었다...!

이것이 제가 이 책을 쓰게 된 단순한 이유이다. 이렇듯 단순하지만 분명한 이유가 있었기 때문에 책을 쓰는 과정이 고통이라기보다는 즐겁고 재미있는 여정이었다.

오늘날 제4차 산업혁명에 대한 관심이 뜨겁다.

제4차 산업혁명(The 4th Industrial Revolution)의 시대가 시작된 이때 4차 산업혁명 그 자체에 대한 집중적인 논의도 중요하겠지만, 이 시대의 진정한 리더들은 미래 변화의 흐름을 보다 거시적(巨視的)인 관점으로 바라보아야 한다고 역설하고 있다. 즉, 단순한 '기술적 혁명의 변화'가 아니라 그보다 근본적인 '우리의 삶의 방식의 변화'라는 관점으로 살펴봐야 한다.

이 책은 기본적으로 젊은 대학생들을 위해 기획되었다.

우리의 젊은 세대들이 살아가야 할 미래는 그들의 직업 자체만 6, 7번이 바뀌어지고 그들의 직장은 수도 없이 바뀔 것이다.

이제는 어느 한 직장이 그 사람의 미래를 결코 보장해 주지 않는다. 따라서, 스스로가 CEO라는 자세로 미래를 준비해야 한다. 이러한 관점에서 이 책은 쓰여지게 되었다.

그러나, 아직 이 책을 본격적으로 세상에 내 보내는 것은 아니다. 아직 완전하지도 않을뿐더러 더욱 살을 많이 덧붙이면 좋을 프로토타입(Prototype, 元型) 정도로만 보아주면 좋을 것 같다. 이러한 측면에서 이 책은 많은 전문도서를 바탕으로 하였음을 명확히 밝힌다.

항상 성취의 뒷자락에는 수고와 헌신해 준 분들이 계신다.

지금까지 한 명의 어엿한 인격체로 성장시켜 주시고 대학교수로서 설 수 있게 해 주신 아버지 · 어머니와 장인 · 장모님께 감사를 드린다. 이 분들이 계시지 아니하였더라면 오늘날의 성취는 결단코 없었을 것이다.

아울러, 이십대 때부터 지금까지 함께 태평양을 건너 미국에서 새로운 시대를 열며 인생의 길을 함께 해 준 사랑하는 아내-지혜에게 말할 수 없는 고마움과 감사를 표현하고 싶다. 아울러, 나의 사랑하는 다음 세대-건(建) · 승(勝) 형제에게 이 기쁨을 나누고 싶다. 앞으로 더 큰 성취를 이 아이들에게 기대한다.

나는 참으로 능력이 부족한 사람이다.
지금까지의 인생의 길들을 걸으며 무수히 좌절할 번했다.

그러나,

그때마다

나의 손을 잡아주시고,

나의 등 뒤에서 나를 도와주신 분에게,

아래 글을 선사함으로써, '내 마음의 감사'를 진심으로 표현하고 싶다.

I Can Do Everything through Him Who Gives Me Strength

(Philippians 4:13)

2020년 새로운 시대를 맞으며

바다가 내려다 보이는 연구실에서

박 종 필 교수

차 례

PART Ⅰ. 제4차 산업혁명 미래 사회 기술이 주도한다

Ⅳ. 인공지능(AI: Artificial Intelligence) / 37

Ⅴ. 가상현실(VR: Virtual Reality) / 60

Ⅵ. OTT(Over the Top) 서비스 / 68

PART Ⅱ. 4차 산업혁명과 기업들의 도전 비즈니스 도전과 기회

PART Ⅲ. 4차 산업혁명과 삶의 방식의 변화

PART Ⅰ

제4차 산업혁명

미래 사회, 기술이 주도한다

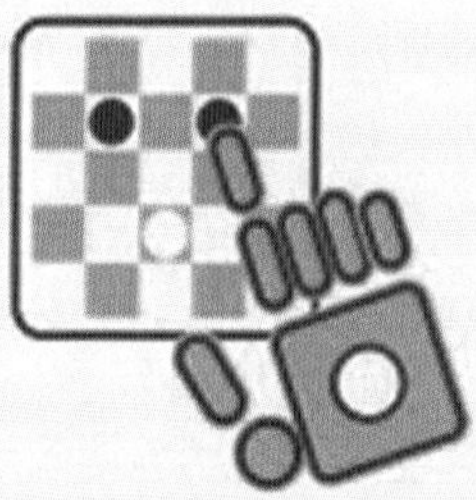

Ⅰ. IoT (Internet of Things)

1. 사물인터넷이 모든 것을 재편한다.

"PC, 모바일의 시대는 이미 지나갔습니다.
앞으로 인공지능(AI)·사물인터넷(IoT)이
지금까지 존재했던 모든 산업의 틀을 재편해버릴 것입니다."

일본 소프트뱅크
손정의 회장

일본 소프트뱅크의 손정의 회장은 미래 산업은 사물인터넷이 주도할 것이라고 밝혔다. 손회장은 "2035년까지 사물인터넷용 기기는 1조 개 이상으로 늘어날 것"이라며 "이는 지구상에 '제2의 캄브리아기 폭발'이 일어난다는 것"이라고 말했다. 5억 4000만년 전 캄브리아기에 지금 생물의 종류가 폭발적으로 늘어났듯이 앞으로는 냉장고·세탁기·자동차 등 모든 기기가 인터넷에 연결되면서 데이터를 폭발적으로 생산할 것이라는 뜻이다. 또한 손 회장은 "1조 개가 넘는 기기에서 생산되는 막대한 데이터는 IT 뿐만 아니라 쇼핑·교통·헬스케어·금융 등 현존하는 모든 산업을 완전히 재편할 것"이라고 말했다.

아울러 "인공지능을 탑재한 기계가 인류의 지능을 따라잡는 '싱귤래리티'(Singularity) 질적 도약이 생기는 특정 시점이 곧 나타날 것"이라며 "이미 음성 인식과 사진 인식에서는 인공지능이 인류를 앞섰다"고 말했다. 조만간 모든 영역에서 인류와 맞설 만한 로봇기계가 등장한다는 것이다. 그는 "인공지능과 사물인터넷을 통한 패러다임 변화는 인류에게 기회를 줄 수도 있고, 일의 생산성도 비약적으로 향상시킬 것"이라고 말했다.

그는 산업의 대전환기에 선 창업가·기업가들에게도 조언을 아끼지 않았다. 손 회장은 "앞으로 리더로 성공하기 위해서는 기술에 대한 심도 깊은 이해가 필수"라면서 "기존 산업을 뚫어버릴 만한 신기술과 사업 모델을 과감하게 발굴해 실행하는 것이 핵심 경쟁력"이라고 말했다. 또 "과거에 대해서는 돌아볼 필요가 없다"고 단언했다.

2. IoT가 꿈꾸는 세상

우리는 이미 사물인터넷 시대에 살고 있다. 사물인터넷이란 사람과 사물 그리고 공간이 인터넷에 연결되는 것을 말한다. 사물인터넷 시대에는 PC와 스마트폰, 자동차, 냉장고, 세탁기, 시계 등의 사물은 물론 사물과 동물 등의 생명체 그리고 우리가 사는 집과 사무실, 공원과 도로 등 모든 공간이 하나로 연결된다. 따라서 사물인터넷은 사물들끼리만 연결되는 사물통신(Machine to Machine, M2M)이 아니라 만물인터넷(Internet of Everything, IoE)이라고 할 수 있다.

이처럼 세상 만물이 인터넷을 통해 긴밀하게 연결된 초연결 사회(Hyper-connected Society)에서는 사물인터넷 기술이 여러 산업과 융합되면서 새로운 사업과 부가가치를 창출할 수 있다. 전력 공급자와 소비자가 양방향으로 정보를 교환해 에너지 효율을 최적화하는 지능형 전력망인 스마트그리드(Smart Grid)로 전력 효율을 극대화할 수 있고, 산업 설비를 스마트팩토리(Smart Factory)로 바꾸면 자동화 비율을 높일 수 있다.

또한 기존에 보유한 역량을 사물인터넷과 접목하는 기업은 히트 상품과 혁신적인 서비스를 제공할 것이다. 예를 들어, 월트디즈니(Walt Disney World)는 미키마우스 인형의 눈과 코, 입, 배 등에 적외선 센서를 탑재해 인형을 소유한 사람의 위치, 가장 가까운 놀이기구 등의 정보를 실시간으로 수집한다. 이렇게 수집된 정보는 사용자의 스마트폰을 통해 놀이기구 대기시간과 사용자의 거리 등의 정보로 제공된다. 사용자가 디즈니월드를 더욱 편하게 즐길 수 있도록 하기 위해서이다.

최근 미국 라스베이거스에서는 CES(Consumer Electronics Show)가 개최되었는데, 이 행사에서는 스마트홈 관련 가전제품이 소비자의 눈길을 사로잡았다. 이 행사에서 삼성전자는 '슬립센스(Sleep Sense)'를 선보였다. 이 제품은 침대 매트리스 밑에 깔아놓으면 얼마나 잠을 깊이 자는지, 잠자는 사이에 몸 상태는 어떤지 등을 손쉽게 알 수 있는 사물인터넷 기기다. 특히 수면상태에 따라 TV와 에어컨, 전등 등 다른 기기의 작동을 자동으로 조절해 주는 기능도 탑재했다. 삼성전자는 2017년까지 자사가 만든 제품의 90%에 사물인터넷 기능을 적용할 것이고, 2020년에는 100% 적용할 것이다.

또 LG전자는 일반 가전제품을 스마트 가전제품으로 바꿔주는 신기술을 선보였다. 탈부착형 장치인 스마트씽큐 센서(Smart tinQTM Sensor)를 세탁기, 냉장고, 에어컨 등 일반 가전제품에 부착하면 스마트폰으로 원격 제어할 수 있다.

▸▸ [그림 1] IoT 스마트 홈 ◂◂

사물인터넷은 제조업뿐만 아니라 우리의 삶에도 커다란 변화를 일으킬 것이다. 양방향 인터넷 서비스 등이 가능한 커넥티드카(connected car), 집 안에 있는 가전제품과 보안 시스템, 조명 등을 서로 연결해 원격으로 제어하도록 만든 스마트홈(smart home) 등이 이미 확산되고 있기 때문이다.

3. 초연결 시대의 역설: IoT 해킹 숙주로 악용되다

미국 동부 지역에서 지난 2016년 9월 21일 발생한 대규모 디도스(DDos · 분산서비스 거부 공격) 공격에 사물인터넷(IoT) 연결기기들이 해킹 숙주로 사용됐을 가능성이 제기되면서 IoT 보안 위협에 대한 경고의 목소리가 커지고 있다. 4차 산업혁명의 핵심인 네트워크 혁신을 이끌 IoT 기술이 오히려 세계 네트워크를 마비시킬 무기가 될 수 있다는 지적이다.

1) IoT망이 '좀비' 네트워크 역할

USA투데이 등 현지 주요언론은 이번 공격에 IoT망에 연결된 기기들이 동원됐을 것이라는 분석을 내놨다. 상대적으로 보안이 취약한 디지털 카메라, 라우터, DVD 등 loT망에 묶인 전자기기를 해킹해 악성코드를 심고 이 기기들을 디도스 공격 도구로 활용했다는 설명이다.

네트워크 과부화를 발생시키기 위해선 해커들이 마음대로 조종할 수 있는 '좀비' 네트워크가 필요한데, 악성코드가 심어진 전자기기들이 연결된 IoT망이 좀비 네트워크가 될 수 있다고 전문가들은 입을 모았다. 전문가들은 "IoT 기기는 일반 사용자가 컴퓨터처럼 주기적으로 관리하는 것이 아니라 한번 설치하면 대부분 처음 설정한 패스워드를 바꾸지 않고 사용한다."며 "공격자는 이를 악용하지만 정작 피해자는 악성코드 감염 사실조차 인지하지 못하는 사례가 대부분"이라고 말했다.

▸▸ [그림 2] IoT망 ◂◂

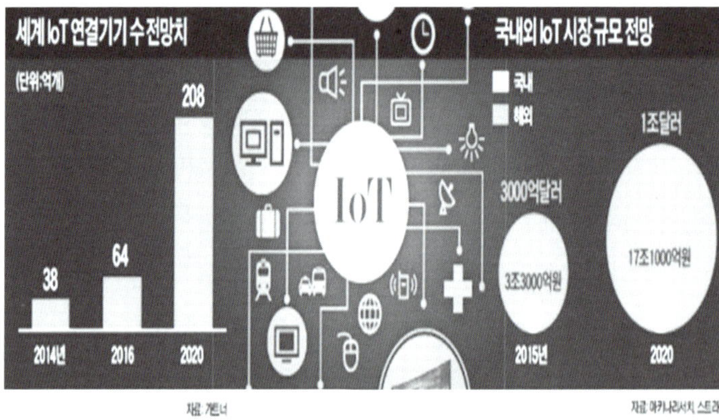

2) 한국도 안심할 수 없다

인터넷 보안업계는 IoT의 보안 취약성에 대한 문제점을 꾸준히 제기해왔다. 글로벌 보안업체 시만텍에 따르면 올 상반기 IoT 해킹 공격의 진원지는 중국이 34%로 가장 많았고 이어 미국(28%) 러시아(9%) 순이었다. 한국도 3%로 10위에 올라 안심할 수 없다고 전문가들은 지적했다.

한국 시만텍 코리아 상무는 "점점 더 많은 일반 사물과 전자기기들이 IoT 망에 연결되면서 부가적인 서비스를 창출하고 있지만 정작 IoT 관련 제조사는 보안 문제에 크게 신경쓰지 않고 있다"며 "IoT 연동 기기 개발단계부터 보안에 신경써야 한다."고 강조했다.

시장조사기관 가트너는 세계적으로 IoT 연결기기 수가 올해 64억개에서 2020년에는 세 배 이상인 208억개에 달 할 것으로 전망했다. 보안업계 관계자는 "세계 IoT 시장 규모는 매년 급성장하겠지만 보안 위협에 대한 대비책이 없다면 IoT에 연결된 스마트기기들은 언제든지 글로벌 네트워크를 마비시킬 해킹 좀비 군단으로 변할 수 있다"고 지적했다.

Ⅱ. 5G (Five Generation)[1)]

1. 5G 사회경제적 파급효과

5G는 4차 산업혁명의 인프라로 전 산업에 영향을 미치기 때문에 5G가 제공하는 사회경제적 가치는 규모가 크고 다양하다. 여기서 말하는 사회경제적 가치는 네트워크 사업자의 수익을 의미하는 것이 아니다. 각 산업 영역의 제조사, 소비자, 서드파티 기업들이 5G를 통해 얻게 되는 기회와 효과를 의미한다.

KT경제경영연구소는 지난 2018년에 5G 도입에 따른 주요 산업 및 환경 변화를 분석한 「5G 사회경제적 파급효과 분석」보고서를 발표했는데 자동차, 제조, 헬스케어, 보안, 유통, 금융 등 5G 주요 10개 산업 및 스마트 시티, 스마트 홈 등 4개 기반 환경에 대해 5G가 제공하는 사회경제적 가치는 2025년에 최소 30조 3,235억 원, 2030년 최소 47조 7,527억 원으로 추산됐다. 이는 해당 연도의 예상 국내총생산의 약 2% 수준이며, 이미 현실화된 서비스 중심으로 수치화 가능한 편익만을 추정한 것으로 향후 새로 나타날 서비스들을 고려하면 보다 더 큰 사회경제적 효과를 기대할 수 있을 것으로 전망된다.

1) 2020 빅 체인지 새로운 10년을 지배하는 20가지 ICT 트렌드(KT경제경영연구소) 자료

10개 산업 분야 중 특히 눈여겨봐야 할 영역은 스마트 팩토리를 중심으로 한 제조업 분야와 자동차 산업, 미디어 분야, 그리고 사회문제 해결로 관심이 높아지고 있는 보안 안전 분야다.

4차 산업혁명의 대표 산업인 제조업은 5G를 통한 스마트 팩토리 혁신이 주목된다. 무선 기반 제조장비로 작업 현황을 실시간 공유하여 효율성을 높이고 AR 기반 원격 진단, 거리의 한계를 넘는 공장 간의 통합 생산 등 차세대 스마트 팩토리 도입이 본격화될 전망이다. 향후 불량률 감소 및 원가 절감, 나아가 맞춤형 생산 역량 강화를 통한 매출 증대 효과까지 기대할 수 있다.

자동차 산업은 텔레매틱스 가치 증가 등으로 2025년 3조 3000억 원, 2030년 7조 2000억 원의 가치가, 미디어 산업은 VR이나 AR 등 실감형 미디어시장 성장으로 2025년 2조 5000억 원, 2030년 3조 6000억 원의 가치가 발생할 것으로 전망됐다.

한편 산업 영역 외에도 5G는 2030년 도시, 비도시, 가정, 사무실 등 우리가 생활하는 기반 환경에 최소 5조 4087억 원의 사회경제적 편익을 제공할 것으로 예상되는데, 산업 영역이 시장의 확대, 운영비용의 감소 등에 초점을 맞추고 있다면 기반 환경의 편익은 범죄율 감소, 이산화타소 발생 감소, 이동시간 감소 등 사회적 비용에 초점을 맞추어 분석했다.

2. 5G 사회문제를 해결하다

5G는 산업 현장뿐만 아니라 재난·재해 및 보안 등에서도 활용도가 높아 사회 전반에 산재한 여러 문제를 해결하는 수단으로 사용될 것이다. 화재 등 재난 현장에서는 효율적인 화재 진압과 인명 구조를 위해 소방대원의 원활한 의사소통이 매우 중요하다. 그러나 현재 상황은 대형 화재 발생 시 소방본부와 소방대원들이 한 개의 주파수로 교신하기 때문에 혼선이 발생할 뿐 아니라 무전기 사용이 폭주할 경우 긴급을 요하는 사항을 신속하게 공유하기 어렵다.

5G를 활용하면 화재 현장에서 소방대원–소방대원, 소방대원–지휘본부 사이의 신속한 음성·영상 통신 기술인 PTT, 그룹별 작전 수행을 지원하기 위한 그룹 통신 등을 효율적으로 제공할 수 있을 것으로 기대된다.

고층 건물 내부에 위치한 소방대원의 통신 환경이 음영 지역 때문에 정보 송수신에 제한이 발생하는 경우 소방대원 간의 멀티홉 중계를 통해 통신 환경 보장이 가능하도록 만들 수 있다. 멀티홉이란 무선기기끼리 정보를 중계하고 전송하는 통신 체계이다. 무선 네트워킹을 이용해 통신망이 차단된 재난 지역에 와이파이를 탑재한 드론을 띄워 긴급 통신망으로 활용해 드론이 수집한 정보를 중계하고 전달하는 방식이다.

5G는 특정 트래픽에 대한 우선 제어권을 부여할 수 있어 화재 현장에 순간적으로 트래픽이 집중되는 경우 소방대원 간의 통신처럼

중요 트래픽을 우선적으로 처리함과 동시에 기존의 통신 트래픽 수용 또는 가능하도록 제어 프로세스를 작동할 수 있는 장점이 있다.

화재, 지진, 태풍 등 재난·재해 상황이 발생한 경우에는 상황 파악과 구조 작업을 진행하기 위해 통신 수요가 폭발적으로 증가한다. 그러나 통신 폭주 상황으로 휴대폰 연결이 원활하지 않거나 재난·재해로 통신망이 유실되는 경우도 있다. 보통 대형 재난 사태가 발생하면 임시 기지국 장비가 설치된 차량을 현장에 파견하는데, 도로 시설이 파괴됐거나 산림이 많은 지역에는 인프라를 복구하기까지 많은 시간이 소요된다. 통신망이 두절되면 구조자는 피해 지역에 대한 정보가 부족하고 조난자는 대피에 어려움을 겪으며 재난 상황의 골든타임을 놓치기 쉽다.

이를 위해 드론, 무인비행선 등을 활용한 상공에서의 긴급 통신망 구축이 주목받고 있다. 비행체에 기지국 안테나를 탑재해 상공에서 특정 지역에 통신 커버리지를 제공하는 것이다. 유실된 기지국 대신 다른 지역의 기지국 또는 임시로 설치된 통신 기지국 차량을 활용해 새롭게 통신망을 구축한다. 기존에 활용하던 응급통신 차량은 안테나 고도 제한으로 넓은 면적의 통신을 커버하지 못했는데, 비행체를 사용하면 고층 건물에도 통신 커버리지를 제공할 수 있다.

지진, 눈사태 등 재난·재해가 빈번한 일본이 특히 이 기술에 주목하고 있다. 총무성 주관 하에 NTT 도코모와 KDDI가 각각 기지국 기능을 탑재한 드론 기지국을 개발한 상태다. 재난 지역이 아닌 기지국 전파를 드론에 탑재한 중계 안테나가 수신해 상공에서 휴대폰 통신 권역을 만들어내는 실증실험을 추진했다.

5G는 기존 망과 달리 네트워크 슬라이싱 기술을 활용한 우선 제어권이 있어 구조 활동 관련 데이터에 우선권을 적용할 수 있다. 이를 통해 구조 활동에 필요한 망의 안정성을 확보함과 동시에 트래픽 과부하를 유연하게 대응할 수 있어 신뢰도 높은 통신망을 제공한다. 네트워크 슬라이싱은 5G 이동통신의 핵심 기술로, 네트워크의 도로를 소프트웨어적으로 구분해 적용시키는 것을 말한다. 도로의 폭은 그대로 두고 차선을 나누어 이용하는 것이 포인트인데, 차선 폭이 좁은 만큼 네트워크 운영 효율을 극대화하는 것이 중요하다.

3. 5G 사회문제 해결사례: 웨어러블 구조기기 활용사례

소방대원들이 스마트 위치, 스마트 방화복 등 웨어러블 기기를 착용하면 산소 레벨, 체온, 수분, 심장박동수, 기타 생체 신호 등 대원들의 생체 징후를 현장 지휘본부에서 실시간으로 모니터링할 수 있다. 지연 없이 전송되는 생체 정보 분석을 통해 소방대원에게 발생하는 이상 징후를 감시하고 조기 대응해 안전사고를 미연에 방지할 수 있다.

현장 지휘 담당자는 무선 피트가 장착된 헬멧과 넥밴드 카메라 등을 착용해 사건 현장을 직접 보는 것처럼 파악하고, 현장 내부에서 소방대원이 파악할 수 없는 정보까지 결합해 최적의 대응 방법을 결정한다. 웨어러블 디바이스를 활용해 소방대원 위치 정보를 파악,

화재 진압과 구조 작업에 소방대원들을 전략적으로 배치하고 효율적으로 방화 및 구조 작업을 진행할 수 있다.

또한 구조 작업 현황과 화재 상황을 내부 소방관에게 효율적으로 전달해 구조 작업이 원활하게 진행도리 수 있도록 돕는다. 체코 방화복 제조사 굿프로의 소방복 '스마트프로'는 주변의 온도 · 습도 · 독성 및 가스 등을 탐지할 수 있는 센서를 부착해 위험 상황을 측정 및 모니터링하고 소방관의 위치 정보를 실시간으로 공유할 수 있다. 이를 통해 소방관은 보다 안전한 환경에서 구조 활동을 펼칠 수 있게 된다.

현장 내부에 있는 소방대원과 외부 현장에 있는 지휘본부가 정보를 공유할 수 있도록 고화질 영상 수신을 보장하고 동시에 소방대원의 위치에 기반한 맞춤형 정보를 실시간으로 제공한다.

이 때 데이터를 무압축 방식으로 전송하는 과정에서 발생하는 지연시간을 최소화하기 위해 HD보다 2배 개선된 화질인 풀원 1인당 약 1.24Gbps의 데이터 전송 속도가 발생할 것으로 예상된다. 따라서 대형 화재 발생 시 소방대원이 5명만 투입되어도 기존 망에서는 데이터 처리가 불가능하다.

또한 소방대원의 바이탈 사인 정보 전송시 초저지연 · 고신뢰 특성이 보장되는 5G를 이용하는 경우 서비스 제공이 용이하며, 헬스케어 서비스에 준하는 1~10ms 정도의 지연시간이 보장된다.

4. 5G 사회문제 해결사례: 로봇 활용사례

2011년 일본 후쿠시마 원전 사고에서 무인기가 원자로 건물 상부를 정찰하고 로봇이 인간을 대신해 건물에 들어가 조사를 했다. 이를 계기로 재난 현장에서 로봇의 역할이 주목받고 있다. 건물 붕괴 위험이 남아 있거나 잔여 화학물질 위험이 있는 사고 현장에는 구조대원이 들어가기 위험하다. 혹은 물리적으로 사람의 접근이 어려운 재난 현장도 있다. 이런 현장에 로봇이 다양한 형태로 도움을 줄 것으로 기대된다.

재난 현장에서 사람이 접근하기 어려운 상황에는 1차적으로 고화질 카메라를 탑재한 로봇을 원격조정해 현장 상황을 정찰하고 구조요청자를 탐색하고 조난자 상태를 파악, 구호 물품을 전달하는 것이 가능하다. 이외에 2차 사고 방지를 위해 밸브 잠금, 스위치 조작 등의 긴급 작업을 수행하거나, 더 나아가 구조대원 진입을 위해 구조경로상 장애물을 제거하는 작업 등을 진행할 수 있다.

작은 실수가 인명 피해와 재산 피해로 연결되기 쉬운 재난 환경에서 활용되는 로봇의 오작동은 치명적이다. 따라서 재난 현장에서는 로봇이 스스로 판단해 문제를 해결하는 것보다 사람과의 협력이 필수적이다. 재난 대응 작업은 필연적으로 다양한 집단의 상호작용에 기반한다. 즉 기존의 재난 대응 시스템에 편입해 구조대원과 호흡을 맞추는 것이 가장 중요하다. 또한 끊김 없는 통신과 초저지연 · 고보안성 보장이 필수적이다. 따라서 다수 로봇을 실시간으로 정밀 제어하기 위해서는 종단에서 초저지연 · 고신뢰로 제어 가능한 5G망이 필수적이다.

원격자에게서 접근할 때에는 현장에 대한 정확한 정보가 꼭 필요하다. 이때 로봇들이 실시간으로 촬영하는 4K 해상도의 3D 입체 영상이나 센서 정보 등을 전송하기 위해서는 초고속 대용량 네트워크 환경이 갖춰져야 한다.

5. 5G 사회문제 해결사례: 응급구조사례

5G를 이용하면 응급환자 이송 과정에서 구급대원이 환자의 병력과 생체 정보를 자동 수집해 의료기관에 전달하는 것이 가능하다. 구급차에서 구급대원은 환자 감시 장치에서 수집되는 환자 혈압, 맥박, 산소포화도 등 생체 정보를 실시간으로 전송할 수 있다.

또한 응급대원은 초고해상도 카메라로 환자 상태를 촬영해 환자 의식 상태, 동공 반응 등 환자 상태와 중증도, 처지 방법을 결정한다. 이때 의료진이 직접 구조원에게 응급조치를 지도할 수 있다.

MWS 2019에서 스페인 카탈루니아 자치구는 5G 기반의 구급차를 공개했다. 구급차에게 3대의 고해상도 카메라 및 원격통신이 가능한 의료장비가 설치되어 원거리에 있는 의료진에게 실시간으로 도움을 요청할 수 있는 체계를 갖추고 있다. 향후 V2X 기능을 탑재해 병원으로의 이송에 최적화된 도로를 안내해줄 것으로 기대되고 있다.

원격 응급 진료는 환자 반응에 기민하게 반응하는 것이 핵심이기 때문에 원격수술 등 헬스케어 영역과 같이 높은 수준의 초저지연·

고보안성을 요한다. 5GPPP에 따르면 건강 정보의 원격 모니터링 서비스의 경우 30ms 이하의 지연을 보장해야 한다. 또한 응급 이동체 내에서 환자의 정보를 전송해야 하기 때문에 시속 300km가 넘는 이동 환경에서도 안정적으로 데이터를 전송해야 한다.

Ⅲ. 빅 데이터 (Big Data)

1. IT 핵심 키워드 '빅 데이터'

빅 데이터(Big Data)는 말 그대로, 방대한 데이터를 분석해 새로운 가치를 찾아내는 것이다. 데이터 규모는 수백 테라바이트(TB)를 넘어서고 데이터 형태도 문자, 숫자, 신호, 이미지, 영상에 이르기까지 매우 다양하다. 우리가 사용하는 컴퓨터와 스마트폰을 통해서 매일 엄청난 양이 쏟아져 나오는데 이 데이터를 '서버'라고 불리는 대용량 컴퓨터에서 빠르게 처리하고, 여러 가지 분석 기술을 통해 해석하는 것이다.

빅 데이터가 기존에 해결하지 못했던 문제의 해답을 찾아주고, 산업과 사회에 새로운 가치를 창출할 것이라는 기대감이 커지면서 정보기술(IT) 핵심 키워드로 부상하고 있다. 모든 기기가 연결되는 사물 인터넷(IoT) 시대가 되면 빅 데이터 시장은 급격히 성장할 것으로 보인다.

시장조사 기관 스태티스타에 따르면 빅 데이터 세계시장 규모는 지난 2011년 76억달러(약 8조 3,800억원)에서 올해 273억달러(약 30조 1,200억원)로 2.5배가량 커졌고, 10년 뒤인 2026년엔 922억달러(약 101조 7,400억원)에 달할 것으로 예상된다.

2. 빅데이터: 금융에서 온라인 쇼핑, 의료까지 전 산업으로 확산되다

금융업은 빅 데이터 분석을 비용을 줄이고 수익을 높이는 데 활용하고 있다. 자동차보험 등 손해보험회사는 회사에 축적된 많은 사고 정보와 고객 사례 등에 대한 빅 데이터를 분석해 통계적 방법으로 구축한 기존 예측 모델을 보강하고 있다. 사고 위험이 큰 고객을 정확히 찾아내 보험료를 올리고, 사고를 내지 않는 고객은 보험료를 인하하는 것이다. 또한 보험 사기나 과도한 보험금 청구를 막아내 손실을 줄이기도 한다.

온라인 쇼핑 업체도 방대한 양의 구매 패턴을 분석해 소비자 요구사항을 실시간으로 파악하고 있고, 특정 고객의 기호에 꼭 맞는 상품을 추천하고 있다. 또 하루에도 수십만~수백만 개 넘게 쏟아지는 다양한 상품 이미지를 분석하고 분류해 소비자가 일일이 찾지 않아도 원하는 상품을 추천하는 데 활용한다. 온라인 쇼핑 물류센터도 전국 주문 자료를 분석해 수요를 예측하고, 주요 물류 거점에 필요한 상품을 미리 확보해 배송 시간을 단축하고 있다.

빅 데이터 분석은 최근 의료 분야에서 눈에 띄게 발전하고 있다. 의료 영상은 디지털 정보 용량이 너무 커 과거엔 실시간 분석이 거의 불가능했고, 의료 현장 활용은 엄두조차 낼 수 없었다. 그러나, 슈퍼컴퓨터의 등장으로 의료 영상 분석이 용이해지면서 영상을 빠르게 분류한 뒤 임상 정보와 비교해 효과적으로 질병을 찾아내는 기술이 개발되고 있다. 진료 기록이나 문진 내용 등 방대한 임상 기록을 분석해 진료를 보조하고 효과적으로 처방을 내릴 수 있도록 돕는 연구도 활발히 진행 중이다.

제조업 생산 공장에서는 각종 장비나 기기에 부착된 센서에서 발생한 정보를 분석해 정비 및 교체 주기를 더욱 정확히 파악하는 데 응용된다. 내비게이션의 교통량 예측의 경우, 실시간 교통량 정보와 사고 정보 등을 종합 분석해 최적의 이동 경로를 제안하는 데 빅 데이터 분석이 활용되고 있다.

▸▸ [그림 3] 미국 텍사스주 댈러스에 있는 IBM의 데이터센터 내부 모습 ◂◂

3. 사물 인터넷은 빅데이터 발전의 원동력

빅 데이터 분석에서는 '사용자의 의도를 잘 이해하고, 꼭 필요한 때에, 필요한 만큼, 신속하게 정보를 전달해 주는 역량'이 핵심 경쟁력이다. 특히 인터넷 서비스 산업은 쉽게 대체 가능한 새로운 서비스가 속출하고 있고 국경을 넘나드는 치열한 경쟁에 노출돼 있기 때문에 빅 데이터 분석은 선택이 아닌 필수이다. 시시각각 변화하는 사용자를 만족시키고 꾸준히 새로운 서비스를 제공해야 하기 때문이다. 빅 데이터의 중요성이 더욱 커지는 이유는 크게 두 가지로 볼 수 있다.

첫째, 빅 데이터의 양이 과거보다 더욱 폭발적으로 늘어나고 있기 때문이다. 무선통신과 네트워크 기술 발전으로 사물 인터넷 기기 보급이 확대되면서 빅 데이터는 예전보다 더욱 빠른 속도로 더욱 많이 생성될 것으로 보인다. 더구나 최근 많은 기업이 홈 IoT 등 스마트폰 이외 다양한 기기에 많은 공을 들이고 있다. 사물 인터넷 기기에서 쏟아지는 수많은 데이터를 스마트폰이나 PC를 통해 축적해놓은 데이터와 함께 분석하면, 새로운 차원의 서비스를 사용자에게 제공할 수 있을 것으로 기대된다.

둘째, 빅 데이터 분석 기술도 지속적으로 발전하고 있다. 요즘 빅 데이터를 언급할 때, 인공지능(AI)이나 딥러닝(deep learning · 기계학습)을 따로 떼어서 이야기할 수 없을 정도로 관련성이 깊어졌다. 방대한 데이터를 처리하고 분석하는 기술인 딥러닝은 인간과의 바둑 대결에서 이겼던 구글의 알파고도 사용한 인공지능 컴퓨팅 알고리즘이다.

빅 데이터를 처리하는 과정을 기계가 학습하면서 특정 분야에서는 인간을 능가하는 지능을 갖게 된 것이다. 데이터를 처리하는 컴퓨팅 하드웨어 인프라의 성능도 꾸준히 발전해 분석 기술은 갈수록 고도화될 것이다. 글로벌 인터넷 기업들 역시 이런 환경에서 주도권을 놓치지 않기 위해 막대한 자본과 기술을 투입해 빅 데이터를 처리하고 분석하는 프로그래밍과 컴퓨팅 인프라를 고도화해 경쟁력을 높이고 있다.

4. 빅데이터와 개인정보보호

하지만 빅 데이터 활용을 통해 새로운 사업 기회를 만드는 일은 결코 만만치 않다. 하루에도 수억 건씩 발생하는 빅 데이터로 부가가치를 창출하기 위해서는 비용과 효과를 잘 따져봐야 한다. '어떤 데이터를 분석할 것인가', '얼마나 빨리 처리할 것인가', '어떤 분석 방법을 사용할 것인가' 등 이런 결정 하나하나에 상당한 비용이 수반된다.

정보 흐름의 단계마다 활용 가치 및 인프라·소프트웨어 구축에 드는 각종 비용을 면밀히 따져야만 경제적 실익을 얻을 수 있다. 모아두면 언젠간 쓸데가 있을 거란 막연한 생각으로 빅 데이터를 쌓아놓기만 하면 빅 데이터 투자는 낭비가 된다.

더 중요한 것은 고객 개인 정보 보호이다. 빅 데이터 분석은 동전의 양면과도 같은 속성을 갖고 있다. 사용자 입장에서 보면 자신의 데이터를 일정 부분 기업에 제공해야 한다. 사물 인터넷 기기가 보급

될수록 더 많은 데이터를 내주어야 할지도 모른다. 하지만 어떤 고객도 개인 정보를 모두 공개하면서까지 그 서비스를 이용하고 싶지는 않을 것이다.

결국 스마트폰과 사물 인터넷을 둘러싼 초연결 사회에서는 어떤 서비스라도 고객의 프라이버시를 침해하면 그것은 잘못 설계된 서비스가 된다. 따라서 그 동안 웹과 모바일에서 적용한 것 이상으로 철저히 고도화된 정보 보안 기술을 적용해야 한다. 빅 데이터 분석은 개인 정보 보호라는 높은 가치를 훼손하지 않을 때 가치를 발할 수 있고, 관련 산업도 성장할 것이다.

Ⅳ. 인공지능(AI: Artificial Intelligence)

1. 인공지능이 주도하는 세상

4차 산업혁명의 핵심은 결국 인공지능이다. 즉, 만물초지능사회가 도래한다. 인공지능은 하루 아침에 급격하게 오는 것이 아니라, 우리 생활 가운데 서서히 오고 있다. 우리가 피부로 느끼는 인공지능의 세상은 스마트폰 AI 서비스 → 소형 로봇 스마트폰 사용 → 가정용 로봇 → 전문용 AI의 순으로 접하게 될 것이다.

2. 일상으로 들어온 AI 사례[2)]

오늘날 AI는 스마트폰과 스피커에 국한되지 않고 스마트 가전, 자동차 등 다양한 제품과 학교, 병원, 스포츠 경기장, 공공시설 등 주위의 모든 환경에 도입되는 등 일상 곳곳에서 우리의 삶을 편리하게 또 안전하게 해주고 있다. 더 나아가 사회적 약자가 일상생활에서 겪는 사회문제까지도 AI 기술을 활용해 해결하고 있어 AI의 활용도는 점점 더 확대될 것이다. 수많은 AI 사례 중 앞으로 우리 생활 속에서 '집사'역할을 충실히 할 것으로 기대되는 일상 속 AI 사례를 소개한다.

---

2) 2020 빅 체인지 새로운 10년을 지배하는 20가지 ICT 트렌드(KT경제경영연구소) 자료

1) 맞춤형 쇼핑 서비스를 제공하는 AI 스피커

아마존의 에코, 구글의 구글 홈, KT의 기가 지니 등 AI 스피커는 전 세계에 7800만 대가 판매될 만큼 이제 대중화의 길로 접어들었다. AI 스피커의 주 용도는 아직까지 음악 감상이나 가전기기 제어가 중심이다. 그런데 AI 스피커가 사용자 정보와 구매 이력, 상품 정보, 현재 유형 등을 종합 분석해 사용자에게 맞는 제품을 추천하면서 새로운 쇼핑 플랫폼으로 주목을 받고 있다.

KT 기가 지니는 사이트나 앱에서 열람된 관심 상품을 파악해 고객들에게 추천 쇼핑 서비스를 제공한다. 추천 쇼핑 서비스를 실행하면 연계된 홈쇼핑 채널을 기반으로 카테고리별 베스트셀링 상품, 신제품, MD 추천 상품, 굿딜 등 고객에 맞는 다양한 제품을 추천한다. 이를 위해 기가 지니는 빅데이터 분석으로 데이터 속 고객의 숨은 의미를 파악하고, 고객이 선호하는 제품을 파악한다. 그런 다음 데이터들을 머신러닝에 학습시킨다. 알고리즘을 정교화시키면 AI가 실시간으로 수집되는 데이터를 바탕으로 스스로 학습해가며 고객들에게 의미 있는 추천 상품을 제공할 수 있다.

AI 스피커는 지금 TV에 나오는 제품을 고객이 음성으로 주문하면 바로 쇼핑할 수 있도록 도와줄 수도 있다. 드라마를 시청하다가 여주인공이 입고 있는 옷이 맘에 들어 바로 구매하고 싶다면 AI 스피커에 "지니야, 지금 드라마에 나오는 여주인공이 입고 있는 옷을 주문해줘"라고 말만 하면 된다. PC로 검색할 필요도, 홈쇼핑 채널에 전화를 할 필요도 없다. 음악, 홈 IoT에 이어 쇼핑 플랫폼으로까지 점차 영역을 확대하고 있는 AI 스피커는 이제 각 가정에 1대 이상 보급되어 '생활 속의 AI 집사'로 자리 매김할 것이다.

2) 안면인식으로 개찰구를 통과하는 중국의 지하철역

출퇴근 시간 때마다 붐비는 지하철역, 특히 교통카드를 터치하며 들어가고 나오는 개찰구는 승객들의 대기 행렬로 더욱 혼잡하다. 중국의 실리콘밸리라고 불리는 선전시 지하철도 출퇴근 시간대에 많은 사람이 이용하고 있어 굉장히 붐비는데, 선전시 푸텐역에서는 AI의 얼굴인식 기술을 이용해 결제하는 시스템을 실험 중이다. 시민들은 출입구에 설치된 태블릿 PC 크기의 화면에 얼굴을 인식해 지하철을 탈 수 있다.

이 시스템이 본격적으로 도입되면 사람들이 붐비는 출퇴근 시간대에 더욱 효율적으로 지하철을 이용할 수 있는데, 선전시는 하루 500만 건까지 지하철 탑승을 위한 빠른 결제가 가능할 것으로 기대하고 있다.

안면인식을 통해 결제를 하기 위해서는 승객이 자신의 얼굴 정보를 사전에 등록하고 이 정보를 결제 수단과 연결시켜야 한다. 안면인식 결제 기능은 이미 중국에서 많이 활용되고 있다. KFC 항저우점에서는 안면인식만으로 상품을 결제할 수 있다. 인면인식 시스템을 고도화하기 위해서는 충분한 이미지 데이터를 머신러닝에 학습시켜야 한다. 데이터를 충분히 학습한 AI 알고리즘은 탑승구에 설치된 카메라를 통해 지하철 탑승객의 이미지를 인지하고 분석해 탑승객을 확인한 후 자동으로 탑승객의 연결계좌를 통해 요금을 부과하게 된다.

3) 쉬지 않고 돌아다니며 매장 내 문제점을 해결해주는 AI 관리 로봇

수많은 종류와 다양한 형태의 물건들로 가득한 마트 안의 상품들을 일일이 관리하는 것은 쉬운 일이 아니다. 게다가 일손이라도 부족하면 물건이 다 떨어진 진열대의 재고 보충조차 쉽지 않다. 그래서 등장한 것이 AI 기반 매장 관리 로봇이다.

매장 관리 로봇은 센서를 이용해 사람과 장애물을 피해 매장을 돌아다니며 제품들이 잘 진열되어 있는지 머신 비전 기술을 활용해 조사한다. 또한 매장 진열대들을 확인해 재고를 보충해야 할 때를 알려주며 진열 중인 제품에 이상이 있는지 확인한다.

미국 스타트업 뱃저 테크놀로지스는 매장 관리 로봇을 개발해 Food Lion 슈퍼마켓 체인에 공급하고 있는데, 많은 노동력이 필요했던 매장 관리 업무가 매장 관리 로봇을 활용하면서 효율적으로 변화하고 있다.

매장을 관리하는 AI 로봇을 개발하기 위해서는 자율주행 기술, 센서, 머신비전 등이 필요하다. 센서를 바탕으로 로봇은 매장 내에서 사물과 공간을 파악해 자율적으로 움직인다. 또한 로봇은 매장 안을 돌아다니다 문제를 발견하면 이미지 캡처 기술을 아용해 매장에 물건이 떨어져 있거나 위험물이 있는지도 파악한다. 이런 작업은 마트 자산이 파손되거나 손님들이 다치는 일을 막을 수 있다. 문제를 발견한 로봇은 즉시 매장 직원에게 이 사실을 알리고 문제가 완전히 해결될 때까지 로봇은 자리에서 대기한다.

매장 관리 로봇은 머신 비전 기술을 활용해 매장 선반을 촬영하여 재고상태를 확인할 수도 있다. 로봇이 진열대 한 구간을 스캐닝하는 데 필요한 시간은 약 90초로 이는 일반 직원의 같은 업무 수행 시간보다 월등히 빠르다. 재고 보충이 필요하면 직원들에게 정보를 제공해주어서 효율적으로 매장 관리를 진행할 수 있다.

4) 졸음 운전을 방지하는 안전지킴이 AI

최근 5년간 국내 고속도로 사망사고의 원인을 살펴보면 졸음 및 주시 태만이 65.9%로 가장 높았다. 졸음 운전만 막을 수 있다면 대형 사고 발생률은 크게 낮아질 수 있다.

운전자가 졸거나 운전 중 산만해지면 AI가 이를 알아채고 경고를 해주는 솔루션이 등장해 주목을 끌고 있는데, AI가 운전자의 상태를 계속 확인하고, 집중력이 떨어지거나 졸게 되면 소리와 화면으로 경고하게 된다. 상황이 위급하다고 판단되면 AI가 직접 차량 통제권을 가져가 운전자 대신 차량을 조작할 수도 있다.

기존의 졸음 운전 방지 기술은 부착형 팔찌나 착용 센서를 주로 활용했지만, 이제는 AI 컴퓨터 비전 기술로 운전자의 얼굴과 표정을 인식하고, 센서 기술로 온・습도 등 환경 데이터까지 종합해 분석하는 구차원적 기술로 발전했다.

AI 컴퓨터 비전 기술이 탑재된 카메라는 운전자의 얼굴과 표정 변화를 관찰하고, 적외선 센서는 운전자의 체온이 떨어지는지 여부를 감지한다. 또한 환경 센서는 차내 밝기를 감지한다. 체온이 떨어지거나 실내 조명이 어두워지면 졸음 발생 가능성이 높아지기 때문이다.

일본의 한 전자 회사는 사람이 졸음이 올 때의 얼굴 표정과 움직임, 눈 깜박임에 대한 다양한 측정 결과를 AI에 학습시켜 AI 기반의 졸음 방지 시스템을 구축했다. AI는 졸음을 측정하는 얼굴 표정 및 눈꺼풀 움직임과 관련된 1800개의 매개변수를 추출할 수 있게 되었고, 이를 통해 운전자의 현재 졸음 및 15분 후의 졸음 수준까지 분석할 수 있다.

5) AI로 농사 일을 한결 수월하게

농사에 ICT 기술을 접목시킨 스마트 팜 분야에서 최근에는 AI를 도입해 농사 일이 더욱 효율적으로 수월하게 전화하고 있다.

미국에서는 옥수수, 콩, 목화밭에 뿌리는 농약의 양이 매년 14억 kg이 넘는 것으로 집계되고 있다. 잡초 제거도 중요하지만 농약의 유해 성분이 체내에 들어갈 위험도 무시할 수는 없다. 그래서 등장한 것이 AI 트랙터 로봇이다.

AI 트랙터는 상추 밭을 지나면서 싹이 돋기 시작한 상추와 그 옆에서 싹이 돋은 잡초를 구분한다. 잡초가 있다는 것을 확인한 후에는 트랙터 기계를 이용해 정확히 제거한다. AI 로봇을 사용할 경우 농작물에 살포되고 있는 제초제량을 90% 줄일 수 있다. 미국 캘리포니아 주의 팜와이즈가 개발한 레터스봇은 상추 밭을 지나면서 1분 동안에 5000장의 장면을 촬영하고, 사진 정보를 바탕으로 0.02초

만에 상추 싹과 잡초 싹을 정확하게 구분해낸다. 이렇게 학습된 지식을 바탕으로 상추 싹 부근에서 함께 자라나고 있는 다양한 잡초 싹들을 정교하게 제거해낼 수 있다.

AI의 이미지 인식 기술을 이용하면 농작물의 병해를 진단하고 치료할 수도 있다. 농부들이 농작물의 사진을 올리면 AI가 병충해 패턴을 발견한 뒤 정확한 병명으로 진단하고 그에 맞는 치료법을 알려준다. AI를 활용해 농부들이 병충해를 잘못 판단하는 것을 방지하고, 전문적인 지식을 전달해 농작물이 제대로 된 치료를 받을 수 있도록 지원한다.

AI 기능 탑재 드론으로는 정확하게 농작물의 상태를 파악하고 그에 꼭 맞는 비료 살포가 가능하다. 드론과 땅속 센서를 통해 토양의 온도와 습기, 농작물의 영양 상태 등 자료를 모으고, 이 자료를 AI가 분석해 농작물 수확량을 극대화하는 비료 및 물을 뿌리는 시점과 위치 등을 판단한다. AI 드론은 바람의 강도에 따라 조절해 약제 낭비가 거의 없고, 최근에는 농약 10리터를 뿌릴 수 있는 대형 드론도 개발되어 넓은 지역도 살포가 가능하다.

6) AI로 기업에 맞는 인재를 채용한다

최근 많은 기업이 인재 채용에 AI를 활용하고 있다. 예전에는 지원자들의 인적 사항을 분류하고 등급을 매기는 정보에 활용했다면, 이제는 자기소개서를 읽고 분석하거나 면접을 통해 지원자의 발언이 거짓인지 아닌지까지 판단할 수 있다.

AI는 자기소개서 분석을 통해 먼저 기본적인 검사를 수행한다. 맞춤법 오류, 반복 단어 등의 결함을 찾아내어 수만 건의 자기소개서에서 채용담당자가 발견하기 힘든 문제의 소지가 있는 부분을 AI가 자동으로 걸러낸다. 지원한 기업의 기업명을 잘못 작성하거나 경쟁사 기업명을 기재하는 경우도 잡아낼 수 있다.

표절 검사도 가능하다. 인터넷에 올라온 자기소개서 예시를 그대로 쓰거나 다른 사람이 작성한 자기소개서를 베껴서 제출했을 경우 80% 이상 표절 여부를 확인할 수 있다. 기업마다 기준은 다르지만, 일반적으로 20% 이상의 표절률을 보이면 서류 전형에서 탈락한다. 전체 표절률이 낮더라도 문항별 표절률이 40% 이상이라면 탈락 처리될 수 있다.

AI 기술의 진화로 자기소개서 평가까지도 이루어질 수 있다. 물론 최종결정은 인사 담당자가 하지만, AI는 사람의 최종 결정을 지원하는 기초분석을 수행한다. 기 합격한 우수 지원자의 자기소개서를 분석해 자기소개서의 문장을 능력, 경험, 신념, 지원 동이 등 분류에 따라 점수를 매기고, 그 점수로 기준을 정해 대상자를 선정하는 것이다. AI의 평가가 절대적일 수 없지만, 채용 담당자나 면접관이 빠르게 지원자를 파악하는 데는 도움을 줄 수 있다. AI가 자기소개서를 분석해 다양한 평가 요소들을 자동으로 정리하면 기업은 투입되는 비용, 인력, 시간을 현저하게 줄일 수 있다. 지원자 입장에서도 사람의 선입견과 편견이 제외된 객관적인 평가를 받을 수 있다는 점에도 메리트가 있다.

KT도 채용 절차의 객관성을 높이기 위해 지원자의 서류 검토에 AI 시스템을 도입하여 자기소개서를 분석해 지원자의 직무와 인성 부합도 등을 평가하고, 표절 여부 등을 검수한다.

AI는 서류 심사뿐만 아니라 면접에도 활용되고 있다. 국내 주요 기업 150개 및 대학교 등에서는 신입사원 및 신입생 선발에 AI 면접을 도입하고 있는데, 이들은 면접관 성향이나 선입관에서 벗어나 채용 면접에 객관성을 높이기 위해 AI를 활용하고 있다.

AI 면접은 마이크, 웹캠이 설치된 컴퓨터만 있으면 어디서나 가능하다. 면접은 특정 사이트에 접속해 본인 인증 절차를 마친 후 주어진 질문에 답변하는 방식으로 진행된다. 기업은 기본 성향, 상황 대처, 전략 게임 등의 질문을 하는 과정에서 머신러닝을 통해 사내 고성과자의 성향 데이터와 면접자를 비교 분석한다.

KT 지니뮤직은 신입사원 공채에 AI 기반의 인적성 검사를 도입했다. 검사 과정에서 입력된 지원자의 영상 정보와 음성 정보를 실시간으로 분석하는데. 답변 시 표정과 목소리를 빅데이터 기반으로 분석해 지원자의 성향 등을 파악할 수 있다. 또한 전략 게임 수행을 통한 뇌신경과학 알고리즘 기반의 통합 역량을 과학적으로 분석하고 평가할 수 있다. '블록 쌓기', '원반 쌓기' 등을 하거나 '화면 속 인물의 기분 맞추기' 등의 전략 게임을 통해 대인관계 능력을 예측하고 직무 적합성을 평가한다. 이 과정에서 입력된 지원자의 영상 정보와 음성 정보를 실시간으로 분석해 대면적 신뢰도를 측정함으로써 면접 시 면접관의 성향이나 선입관으로 인해 발생할 수 있는 오류를 줄이고, 공정하고 객관적인 평가로 우수한 역량을 지닌 인재를 선발할 수 있다.

AI를 활용한 인재 채용이 전 세계적으로 확산되고 있는 추세이지만, 창의적이고 각 기업에 맞는 최적의 인재를 발굴하기 위해서는 보다 정교하고 합리적인 알고리즘 개발이 필요하다. AI는 수많은 지원자가 만들어놓은 데이터 분석을 통해 최적점을 도출하는 도구이기 때문에 오히려 AI가 축적한 데이터에 기반한 정형화된 인재만 양산할 수 있는 부작용도 있을 수 있다. 채용 진행 과정에는 소요되는 시간과 비용 등을 절감할 수 있는 장점이 존재하지만 기업에게 가장 필요한 창의적이고 윤리적인 인재를 확보하기에는 아직 본질적 한계를 지니고 있다. 이 때문에 구글, 아마존, 페이스북은 우수한 지원자를 선발하기 위해 채용 심사 과정에 수개월을 투입하고 수많은 면접관을 육성, 교육시켜 면대면 면접도 강화하고 있다.

AI는 기업의 인재 채용에 있어 공정성과 정확성을 높이는 데 큰 도움을 줄 수 있다. 하지만 AI에게만 인재 평가의 모든 것을 맡겨서는 안 된다. 지원자의 역량을 검증하기 위해 다양한 면접 방식을 도입하고 AI의 알고리즘도 기업 기준에 맞게 더욱 세밀하게 개발해야 한다. 그래야만 4차 산업혁명에 맞는 최고의 인재를 적재적소에 맞게 활용할 수 있을 것이다.

3. 인공지능의 종착역: 로봇

인공지능의 궁극적인 목표는 로봇이다. 즉, 스마트한 로봇의 출현을 목표로 한다. 일반적으로 사람들은 로봇이 가져다주는 편리함과 혜택을 기대하기보다는 두려움을 더 많이 느끼고 경계하는 이들이 많다. 미래의 로봇은 인간에게 해가 될까, 득이 될까? 당분간 로봇이 인간의 능력을 극대화하는 데 유용한 도구가 될 것이다. 로봇이 인간을 정복하는 데는 최소 100년 이상이라는 좀 더 많은 시간이 걸릴 것이다. 또한 로봇의 능력이 향상될 때마다 지혜로운 인간들이 로봇을 적절하게 제어할 통제력을 갖추게 될 것이다.

로봇 산업은 가까운 시일 내에 큰 산업으로 변모한다. 자동화 산업을 능가하는 규모로 10-20년 이내에 크게 성장할 것이다. 로봇 산업은 크게 셋으로 나눌 수 있다. 인간을 닮은 로봇인 휴머노이드(humanoid) 로봇 산업, 로봇의 일부를 인간에게 접목하는 사이보그 산업, 그리고 사람의 뇌를 닮은 인공지능 산업이다. 이 세 가지는 서로 경쟁하면서 기술발전을 이끌고, 인간의 삶을 더욱 윤택하게, 그리고 인간의 능력을 극대화하는 방향으로 발전할 것이다. 로봇이 인간의 능력을 극대화하는 쪽으로 발전할 것이다. 로봇이 인간의 능력을 극대화하는 쪽으로 발전하는 한 미래형 서비스 로봇 산업은 상용화되기가 무섭게 IT산업처럼 급격한 성장을 이룰 것이다. 현재 로봇 산업은 일본, 미국, 유럽 등이 선두그룹을 유지하고 있고, 한국은 세계 5위쯤 된다.

우리는 이미 로봇의 시대에 살고 있다. 공장에 가면 엄청나게 많은 로봇이 있다. 가정에도 로봇이 많이 있다. 로봇은 사람의 일을 대신 해주는 기계를 일컫는다. 넓은 의미에서 보면 냉장고나 세탁기도 로봇의 일종이다. 그러나 미래에는 이런 기계적 로봇들이 점점 사람을 닮은 로봇으로 진화한다. 반대로 사람은 로봇의 일부 기능을 활용해 자신의 한계를 극복하면서 점점 로봇을 닮아 간다. 미래는 사람과 로봇이 공존하는 사회가 아니다. 미래에 우리는 '사람을 닮은 로봇'과 '로봇을 닮은 사람'이 함께 어우러져 사는 세상을 만나게 될 것이다.

4. 일본 · 미국의 로봇산업

사람을 닮은 로봇을 휴머노이드라고 부른다. 현존하는 휴머노이드 중 가장 진보한 것은 일본의 혼다가 개발 중인 '아시모'이다. 아시모는 2000년 세계 최초로 직립보행에 성공했다. 이후 2007년, 주인이 생각만 해도 그 명령을 알아차리고 행동을 수행하는 수준까지 진보했다. 아시모는 사람과 자연스럽게 악수를 하고, 다양한 안내 및 생활 서비스 등의 기능을 수행할 수 있으며 일본의 미래 상업을 이끌어갈 상품으로 큰 주목을 받고 있다. 그 뒤를 도요타가 만든 로봇이 쫓고 있다. 도요타가 개발하고 있는 로봇은 바이올린을 연주하는 능력을 지녔다.

로봇 연구는 초반에는 자동차 산업 등에 연관시키려는 목적으로 이루어졌기 때문에 도요타나 혼다 같은 자동차 회사가 집중적으로 투자해 왔다. 하지만 곧 로봇 산업은 자동차 산업의 하녀가 아니라 독자적으로 엄청난 산업을 향상할 것이다. 로봇 산업은 고령화가 가속화될수록 큰 수요가 발생한다. 일본은 2015년 고령화의 충격이 본격적으로 일본사회를 강타할 즈음, 휴머노이드 로봇의 시장이 본격적으로 시작 될 것으로 예측된다.

▸▸ [그림 4] 일본 혼다의 로봇-아시모 ◂◂

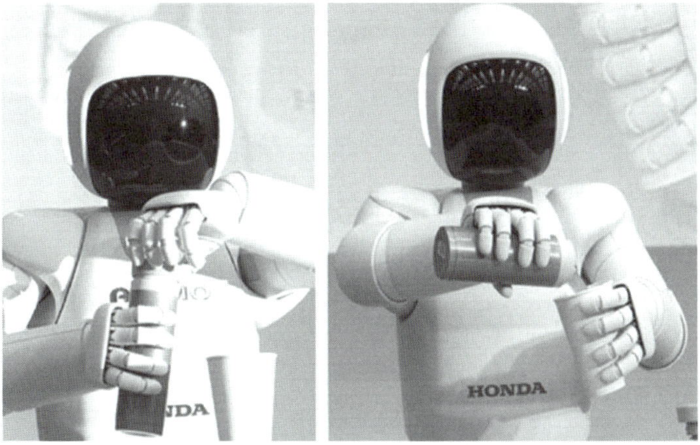

우리나라도 이러한 추세를 반영하여, 2020년까지 1가구 1로봇 시대를 계획하고 있다. 앞으로 5년 이내에 로봇 시장이 형성되면, 로봇 한 대 가격은 중소형 자동차 가격 정도가 될 것이다. 너무 비싸서 살 사람이 없어 보이는가? 걱정하지 않아도 된다. 우리나라는 자동차를 현금으로 사지 않는다. 로봇도 마찬가지다. 리스나 할부를 통해 사게 될 것이다.

바로 이 로봇이 '쑥' 일어나 돌아다니면서 세탁기도 돌리고 노인들도 부축하게 될 것이다. 여기에 인공지능을 탑재시키면 아이들에게 영어도 가르쳐 주고, 책도 읽어주고, 아이들 보호도 해 줄 수 있게 된다.

이런 미래형 서비스 로봇 산업을 놓고 펼쳐지는 치열한 전쟁은 이미 시작되었다. 미국은 10년 이내에 무기의 33%를 로봇으로 대체하면서 미래형 군수산업의 새 지평을 열 준비를 하고 있다. 자동차 산업을 능가하는 초대형 산업이 될 이 산업에서 승리하려면 미국처럼 군사용 로봇기술의 발달이 필수적이다. 우리나라도 2010년 초 미래형 로봇 개발의 로드맵을 발표했다. 2018년까지 농업, 의료, 문화, 홈서비스, 교육, 해양, 건설, 교통, 사회 안전 등의 분야에서 미래형 로봇을 출시하겠다는 계획을 발표하고 본격적인 로봇 산업 전쟁에 뛰어들 준비를 하고 있다.

이런 휴머노이드 로봇의 파생산업인 사이보그 산업도 엄청난 보물이다. 사이보그 산업은 로봇의 일부 기능을 사람에게 이식하거나 착용하게 하여 인간의 물리적, 신체적 한계를 극복하고자 하는 산업이다. 고령화 사회를 계기로 급속하게 수요가 늘어나는 분야다. 아무리 건강하던 사람도 늙으면 신체 일부의 기능이 저하된다. 하지만 사이보그 기술을 활용하면 젊을 때보다 더 나은 신체적 능력을 발휘할 수 있게 된다.

예를 들어 인공 망막이나 인공눈 기술을 활용하면, 시력을 완전히 상실한 사람이 다시 볼 수 있는 축복이 열릴 것이다. 인간은 사물을 볼 때 안구를 통해 들어오는 정보를 후두엽에 있는 시각담당 피질로 전달해서 사물을 인식한다. 사고에 의해서 안구의 기능이 상실되거나 노후화가 되면 사물을 볼 수 없게 되는데 이런 상황을 대체하는 기술로 사이보그 기술이 주목받고 있다.

또한, 나이가 들어도 안경을 끼거나 혹은 침침한 눈을 당연한 것으로 여기고 살지 않아도 된다. 백내장 수술을 하는 정도의 비용이나 노력만 기울인다면 카메라나 혹은 안구의 기능을 하고, 카메라로 들어온 정보를 컴퓨터로 보내고, 컴퓨터가 뇌가 인식할 수 있는 신호로 다시 바꿔 시각 피질에 다시 쏴주는 인공시간 기술을 활용하면 얼마든지 천리안을 가질 수 있다.

한편 사이보그 기술을 통해 뇌를 조정할 수도 있다. '뇌심부자극술' 이라는 치료법이 그것이다. 가슴 부위에 작은 컴퓨터를 달고 컴퓨터에 연결된 전선을 뇌에 이식한 뒤, 이를 통해 뇌를 자극하고 조정하는 기술이다. 파킨슨병을 앓은 사람들에게 본격적으로 시술되고 있는 일종의 사이보그 기술이다. 미국에서만 이미 2만여 명이 이 시술을 받았고, 치료 후 걷고 달리고 춤까지 출 수 있다. 이 기술도 아직은 초기 수준이라 대상의 한계가 분명한 것이 단점이다. 하지만 인간이 뇌의 영역까지 통제할 수 있는 계기를 마련했다는 점에서 매우 중요하다. 이제 기술의 발전만 남아 있을 뿐이다.

로봇과 사이보그 산업은 21세기 융·복합 기술의 쾌거다. 현재 융·복합 기술과 융·복합 산업이 태동기에 불과한 것으로 볼 때, 미래에는 더욱더 놀라운 기술들이 인간을 기다리고 있다.

5. 전문가 AI – IBM 왓슨(Watson)

인공지능은 '스마트폰' 가정용로봇을 거쳐 '전문가 AI'가 우리의 곁으로 올 것으로 예상된다. 전문가 AI의 대표적인 것은 IBM의 슈퍼컴퓨터 왓슨(Watson)이다. 왓슨은 영어로 된 인간의 질문을 이해하고 스스로 답할 수 있다. 왓슨은 사람의 언어를 기계가 알아들을 수 있는 형태로 처리하는 기술인 '자연어처리(NLP)'를 기반으로 하고 있다. 왓슨은 인간의 언어로 만들어진 정보와 지식을 받아들이고, 그것을 근거로 하여 가설까지 제시한다.

왓슨은 인터넷에 범람하는 텍스트를 분석해 소비자 트렌드를 요약하기도 한다. 왓슨은 사람들이 흔히 쓰는 말로 작성한 자료의 표면적인 의미는 물론 속뜻까지 상당 부분 이해해 방대한 자료를 데이터베이스로 축적해놓고 분석 대상과 비교해 문맥을 파악할 수 있다. 이미 미국, 캐나다, 영국, 프랑스 등 24개국 17개 산업군에서 왓슨 기술을 활용하고 있는데, 의료, 유통, 재무, 법률, 교통, 교육, 보안 등 산업군에서 270개사가 상업용 왓슨 앱을 활용하고 있다.

예를 들어, 왓슨은 프랑스 항공기 제조사 에어버스(Airbus S.A.S)의 정비 업무에 투입되었다. 왓슨은 항공기에 있는 3억 개의 부품 하나하나가 현재 어느 정도 마모되었고, 교체주기가 얼마나 남았는지 등을 파악했는데, 이는 숙련된 정비사보다 매우 빠르고 정확한 수준이다. 더 나아가 왓슨은 소비자들의 상품구매 선호도를 파악하고, 수백만 건의 과학 및 의학 논문을 단번에 분석해 연구자들을 돕고, 기존에 없던 요리법을 개발하거나 금융사 고객에게 재무상담도 할 수 있다. 뉴질랜드 ANZ은행, 캐나다로열뱅크 등은 이미 왓슨을 활용하고 있다.

▸▸[그림 5] IBM 왓슨(Watson)을 이용한 진료◂◂

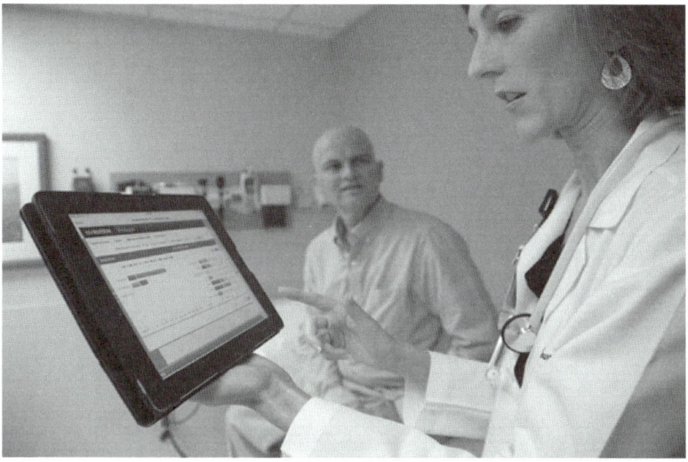

왓슨은 세계 최대의 가전 박람회인 'CES'에서 소프트뱅크의 휴머노이드 페퍼에 탑재되어 등장했다. 페퍼에 탑재된 왓슨은 일본어로 이루어지는 대화의 맥락을 충분히 이해하고 그에 부합하는 전문적인 지식을 제공한다. 페퍼는 2015년부터 일본의 은행 30여 곳에서 안내용 로봇으로 활약한 바 있는데, 왓슨을 탑재한 페퍼는 앞으로 일본의 1천여 커피 매장에 배치되어 고객수, 고객 응대 내용, 연령과 성별 등을 분석해 고객별 맞춤형 커피 추천 서비스를 할 것이다.

6. 일본 소프트뱅크 – 페퍼(Pepper)

소프트뱅크는 이미 2015년 8월에 인공지능 로봇 페퍼(Pepper)를 판매하기 시작했다. 페퍼는 인간과 대화할 수 있고, 가족사진을 촬영하거나 스마트폰과 연동해 메시지를 보낼 수 있다. 페퍼는 판매개시 1분 만에 초판 물량 1천 대가 모두 팔릴 정도로 인기를 끌었다.

페퍼에는 100개 이상의 앱이 탑재되어 있는데, 이 로봇의 가격은 약 1,500달러에 불과하다. 소프트뱅크는 페퍼를 생산원가보다 저렴한 가격에 팔고 있다. 지금은 팔수록 손해를 보고 있지만 대신 '로봇 상용화의 선구자'라는 이미지를 구축했고, 미래 로봇 시장을 선점할 기회를 잡았다.

페퍼는 누군가 문을 열고 집으로 들어오면 그가 주인인지를 확인하고, 주인의 표정을 통해 기분이나 감정을 인식한다. 오감 센서를 작동시켜 주인의 감정을 인식할 수 있는 것이다. 페퍼가 보고 듣는 정보들은 매순간 쌓인다. 자신의 주인과 함께하는 시간이 늘어날수록 페퍼가 기억해야 할 정보는 늘어난다. 이처럼 점점 늘어나는 정보들을 빠르게 저장하고 불러올 수 있도록 하려면 빅데이터 기술이 필요한데, 구글은 이미 전 세계인이 가장 즐겨 사용하는 검색엔진을 보유하고 있으므로 빅데이터 분야의 강자이다. 구글이 가진 개인정보는 돈으로 환산하기 힘들 만큼 엄청난 자산이다.

▸▸ [그림 6] 일본 소프트뱅크 - 페퍼(Pepper) ◂◂

7. 인공지능의 명암

그런데 인공지능 시대가 열리면 "인류에게 재앙이 될 수도 있다"는 의견도 많다. 엘론 머스크 테슬라모터스(Tesla Motors) CEO는 "인류가 악마를 소환하는 것일 수도 있다"고 말했고, 스티브 호킹(Stephen Hawking) 박사는 "100년 내에 인공지능이 인간을 넘어설 것이다"고 말했다. 인공지능에 대한 기대만큼이나 두려움도 커지고 있는데, 엘론 머스크와 스티븐 호킹 박사가 한 말은 인공지능이 군사무기에 탑재될 것을 염두에 둔 것이다. 사실 이미 미국 등의 선진국에서는 무인공격 무기를 상당수 개발했다. 여기에 인공지능 기술이 접목된다면 무서운 재앙이 될 수 있다.

인공지능은 사회적 문제를 야기할 수도 있다. 만약 인공지능 시스템이 해킹당한다면 그 피해는 상상을 초월한다. 이미 구글과 페이스북 등에 가입하면서 입력한 개인정보들이 상당수 유출되었고, 이를 활용한 지능형 범죄가 늘고 있다. 또 인공지능을 활용한 의료 행위가 이루어진다면 의료사고와 관련된 책임을 누구에게 묻는가도 문제가 될 것이다. 인공지능을 활용하여 자율주행차가 출시되어 사고가 발생하면 누구에게 책임을 물어야 할까? 자동차 제조사와 도로 인프라를 구축한 기업, 법규를 만든 정부, 운전자 사이에서 치열한 책임공방이 벌어질 수 있다.

인공지능은 인간의 일자리를 상당수 빼앗을 것이다. 보스턴컨설팅그룹(BCG)은 “2025년에 인공지능이 전 세계 일자리의 25%를 대체할 것”으로 전망했다. 과거의 로봇은 인간의 일자리를 크게 빼앗지는 않았다. 로봇은 하드웨어적인 장치에 불과했기 때문에 로봇 한 대는 인간의 일자리를 한 개만 대체했고, 그 대신 로봇 생산과 관련된 새로운 일자리를 만들었다. 하지만 인공지능은 소프트웨어이기 때문에 무한 복제가 가능하다. 인공지능을 개발하는 데는 많은 인력과 지식이 필요하지만, 그것을 복제하는 데는 노동이 필요하지 않다. 따라서 인공지능은 과거보다 더욱 높은 비율로 인간의 일자리를 대체하게 될 것이다.

▸▸ [그림 7] 인간과 인공지능의 대결 ◂◂

인공지능은 우선 단순 사무직을 대체할 것이다. 영국 BBC는 '인공지능과 자동화에 따라 위협받는 일자리' 순위를 발표했는데, 그 순위는 텔레마케터, 컴퓨터 입력 업무, 법률비서, 경리, 단순 분류 업무, 검표원, 판매원, 회계사, 보험 대리점 직원, 은행원, NGO 사무직, 지역 공무원, 도서관 사서 순으로 나타났다. 그런데 인공지능은 전문직인 법률직과 의사직까지 위협할 것이다. 일례로 구글 딥마인드는 알파고를 개인 맞춤형 의료 서비스 분야에도 활용할 계획이고, IBM의 슈퍼컴퓨터 왓슨은 미국 내 10여 개 병원에서 암 수술을 지원하고 있다. 왓슨은 수술의 정확도를 높이고 속도를 단축하는 성과를 내고 있다. 인공지능은 내과, 외과, 소아과, 정신과 등 환자를 직접 만나는 분야보다 영상의학과, 핵의학과, 진단검사의학과 등 진료를 지원하는 분야의 의료직 일자리를 상당수 빼앗을 것이다.

앞으로 인공지능이 인간의 일자리를 빼앗으면 실업률이 증가하게 될 것이다. 실업률이 늘어나면 경제활동인구가 줄어들고 소비인구가 감소해 경기가 악화된다. 그리고 정부 역시 근로자가 줄어드는 만큼 소득세를 보다 적게 걷으니 세금 수입이 감소하게 된다.

실업률이 높아지면 여러 가지 사회 문제도 발생한다. 절도와 강도 등의 범죄가 늘어나고, 극단적인 경우 실업자들이 시위를 벌일 것이다. 이를 막기 위해 정부는 실업자에게 기초생활비와 의료비 등을 지원해야 하는데, 세금수입이 감소한 상황에서 근로자들에게 필요한 세금을 부과할 것이다. 따라서 근로자들이 부담하는 소득세와 의료보험료 등의 세율은 계속 증가할 수밖에 없다. 근로자들도 실업자와 마찬가지로 사회에 대한 불만이 커질 수밖에 없다. 근로자들 역시 시위를 벌일 수 있다. 반면에 인공지능이 생산한 부가가치는 기업에만 집중적으로 쌓으므로 부의 양극화가 심화될 것이다.

8. 인공지능을 넘어서라

인공지능이 넘쳐나는 세상에서는 그에 대한 반감으로 '인간성'을 추구하는 현상이 생길 것이다. 인간은 직관과 감성, 창의성 등과 관련된 것인데, 이와 관련된 직업들은 사라지지 않을 것이다.

감성과 관련된 직업은 다음과 같다. 인간의 손으로 직접 만드는 수공예품과 창작품, 요리 등을 만드는 사람들은 사라지지 않을 것이다. 또 사람을 직접 상대해야 하는 커뮤니케이션 관련 직업일수록 인공지능보다 우위를 점할 수 있다. 상대의 감정과 감성을 헤아리는 사회복지사와 카운슬러 등의 일자리는 인공지능에게 빼앗기지 않을 듯싶다.

창의성과 관련된 직업은 다음과 같다. 무용가나 음악가 등은 타고난 재능과 창의성이 있어야 한다. 이들의 재능은 학습을 한다고 해서 갑자기 늘지는 않는다. 이들은 머릿속에서 창의적인 생각을 하고 자신의 생각을 다양하게 표현한다. 인공지능이 기가 막힌 무용을 착안하고 그것을 제아무리 잘 표현하더라도 한계가 있다. 무용가가 표현하고 있는 동작 하나하나에는 슬픔과 기쁨 등 여러 감정이 느껴지는 반면에 인공지능이 표현한 무용은 10년 후에도 인위적일 수밖에 없다.

▸▸ [그림 8] 인공지능과의 경쟁의 시대 ◂◂

Ⅴ. 가상현실(VR: Virtual Reality)

1. 가상현실의 세계

더 넓은 세상을 체험하고 다양한 재미와 경험을 추구하는 것은 인간의 본질적인 욕구다. 단지 이를 뒷받침할 시간과 돈이 없다는 현실적 문제가 걸림돌이 되곤 한다. 앞으로의 사람들은 저비용으로 이러한 체험과 경험을 즐길 수 있다. 하루에도 몇 번씩 시간과 공간을 초월한 새로운 세상에 접속해 전 세계 사람들과 함께 보고 듣고 느끼고 경험하고 기억하는 시대를 맞이할 것이며, 이러한 변화를 가져올 기술이 바로 가상현실(VR: Virtual Reality)이다. 게임, 영화, 스포츠, 테마파크 같은 엔터테인먼트 시장은 물론 교육, 전자상거래(e-commerce) 헬스케어나 산업 현장에 이르기까지 다양한 산업으로 확대될 가능성이 높아 그 파급효과는 상당할 것으로 예상된다.

디지캐피탈(Digi-Capital)은 "가상현실의 시장규모가 2020년에는 1,500억 달러에 이를 것"으로 전망했다. 하지만 여러 전문가들은 "실제로는 이보다 많은 1조 달러 규모로 성장할 것"으로 전망하고 있다.

앞으로 10년 동안 가상현실에 대한 관심이 크게 늘 것이고, HMD 등 기기를 비롯해 다양한 콘텐츠들을 출시하는 기업이 소비자의 지갑을 열 것이다. 이러한 세상에서는 커뮤니케이션과 업무 방식도 달라질 것이다. 앞으로는 가상의 사무실에서 여러 사람이 공동으로 제품을 디자인할 수도 있다. 예를 들어, 마이크로소프트는 HMD인 홀로렌즈(Hololense), 가상공간에서 손쉽게 디자인할 수 있는 소프트웨어인 홀로스튜디오, 3D프린팅 등을 조합해 개인이 가상공간에서 커뮤니케이션과 협업 등을 할 수 있는 가능성을 열었다.

최근 마이크로소프트는 홀로렌즈의 개발자용 버전을 내놓았다. 홀로렌즈는 홀로그램으로 가상의 디지털 영상들과 현장에 있는 실제 사물들이 실제처럼 잘 어울리도록 보여준다. 홀로렌즈는 2D, 3D 동영상 정보 등 가상의 디지털 정보를 실제공간에 재현한다. 홀로렌즈를 착용한 사용자는 다른 곳에서 벌어지고 있는 동영상 정보나 컴퓨터상에서 작동시킨 소프트웨어 화면이 현실공간 속에 겹치도록 볼 수 있다.

이때 홀로렌즈는 여러 개의 가상화면을 동시에 불러올 수 있다. 홀로렌즈를 착용한 채 스카이프(skype)로 친구나 가족 혹은 동료와 연결하면, 현실공간 속에 떠 있는 여러 개의 가상화면 중 한 개의 가상화면에 상대의 컴퓨터 카메라가 촬영한 모습이 실시간으로 겹쳐 보인다. 따라서 스카이프로 연결된 사람들은 홀로렌즈를 착용한 사람과 같은 화면을 보면서 서로 상의할 수 있으므로, 실시간으로 협업할 수 있다.

앞으로 3년 후까지 HMD 등 하드웨어와 소프트웨어는 글로벌 기업들이 먼저 개발할 것이다. 예로써, 최근 마이크로소프트는 하드웨어인 홀로렌즈에 이어 1인칭 슈팅 게임 소프트웨어 '로보레이드

(RoboRaid)'를 개발했다. 이 게임은 여러 방향에서 공격해 오는 로봇들과 실감나는 전투를 경험하는 것이다. 홀로렌즈를 착용하면 집 안이 온통 로봇의 공격을 받는데, 각 방마다 독특한 전쟁터로 설계할 수도 있다.

▸▸ [그림 9] 가상현실 VR(virtual reality) ◂◂

2. 가상현실과 기업들의 도전

최근 마이크로 소프트는 홀로렌즈를 착용한 채 가상의 공간 속으로 여행하는 소프트웨어 '홀로투어(Holotour)'도 개발했다. 이 소프트웨어를 통해 사용자는 360도 파노라마로 펼쳐지는 동영상을 통해 마치 실제여행을 하듯 여행을 즐길 수 있다. 여행지의 장면들은 3D 홀로그램으로 현실공간에 겹쳐 보이므로 현실감이 높다. 또 '멜리사

(Melissa)'라는 개인 여행안내원이 가상화면에 보이는 장면들에 대해 역사적인 의미나 사실들도 설명해 준다.

삼성전자는 기어 VR을 통해 경주의 관광명소를 체험할 수 있는 가상현실 콘텐츠를 제공하기 시작했다. 사용자가 간단한 조작만으로 불국사와 석굴암 등 명소를 직접 방문해 체험하는 것처럼 느낄 수 있도록 한 것이다.

글로벌 기업들은 가상현실 기술을 게임과 여행 분야뿐만 아니라 고객 서비스에도 활용하고 있다. 예를 들어, 아우디는 가상현실 기술을 이용해 고객에게 가상 드라이브 서비스를 하고 있다. 2014년 11월 영국 115개 매장에 삼성 기어 VR을 비치해 아우디 차량의 가상 드라이브 경험을 제공하기 시작했고, 람보르기니(Lamborghini), 쉐보레(Chevrolet)등도 이와 비슷한 가상 드라이브 서비스를 마케팅에 활용하고 있다.

그런데 최근에는 일반인들이 삼성 기어 360 등 360도 카메라를 부담없는 가격에 구입할 수 있게 되면서 소기업은 물론 개인들도 가상현실 관련 콘텐츠를 개발할 수 있게 되었다. 예를 들어, 개인이 360도 카메라로 파리에서 에펠탑을 촬영하면 다른 사람들이 좋아할 만한 콘텐츠가 될 수도 있다.

또 최근 들어 개인이나 기업이 콘텐츠를 생산해 확산 할 수 있도록 지원하는 기업이 등장하고 있다. 구글은 '구글 점프(Google Jump)'를 내놓았다. 구글 점프는 사용자들이 촬영한 영상을 업로드하면 점프 어셈블러를 통해 360도 영상으로 변환해 주고, 이를 유튜브에

업로드 할 수 있게 지원한다.

한편, 최근 구글은 가상현실 플랫폼인 데이드림(Daydream)을 공개했다. 구글은 데이드림을 안드로이드 N 운영체제에 통합시켰고, 데이드림은 가상현실에 맞는 알림, 음성 명령, 20밀리초 이내의 지연시간 등을 지원한다. 앞으로 구글은 여러 가지 서비스들을 데이드림용으로 제공할 것이다. 구글 포토를 통해 가상현실로 사진들을 보도록 하고, 구글 스트리트 뷰로 전 세계를 가상현실로 경험하게 하며, 플레이 무비(Play movie)로 가상현실 속 극장에서 영화를 보도록 할 것이다.

이처럼 가상현실 생태계가 활성화되면 필연적으로 사용자가 늘 것이다. 몰입도가 높은 게임뿐만 아니라 360도 카메라로 촬영한 영상이 인기를 끌면 가상현실 기기와 소프트웨어에 대한 수요가 꾸준히 늘 것이다.

3. 누가 가상현실을 좋아하는가

가상현실은 다음과 같은 미국 소비자들을 사로잡을 것이다. 그린라이트 VR은 최근 미국 소비자 2천 명을 대상으로 조사를 했다. 이 조사에 따르면, "가상현실은 밀레니얼 세대(millennial generation, 1980년대 초에서 2000년대 초 사이에 출생한 세대)와 남성(males), 소수민족(minorities)이 가장 많이 좋아하는 것"으로 나타났다. 미국 밀레니얼 세대의 42%와 남성의 41%가 "가상현실에 대해 알고 있다"고 답했고, 아시아인(53%)과 히스패닉(43%)이 백인(30%)보다 "가상현실에 대해 더 많이 알고 있으며 이를 좋아한다"고 답했다. 따라서 가상현실에 투자하는 기업들은 앞으로 이들 소비자를 사로잡아야 할 것이다.

앞으로 10대 초반의 아동들은 부모에게 가상현실 기기와 소프트웨어를 사달라고 요청할 것이다. 아이들이 좋아하는 게임, 교육 등의 콘텐츠들이 큰 인기를 얻을 것이다. 예를 들면, 가상현실 콘텐츠 개발자들은 아이들이 좋아하는 우주여행 게임이나 상상력을 길러주는 교육 콘텐츠로 많은 수익을 거둘 수 있을 것이다. 또 20~30대 청년들은 게임과 여행, 요리 등의 콘텐츠를 원할 것이다. 이들의 욕구를 충족시켜줄 콘텐츠를 개발해 성공하는 혁신가가 늘 것이다.

그런데 조사결과에 따르면 가상현실 기기 구매를 생각하는 사람들은 구매요인 중 가격(65%)을 가장 많이 따지는 것으로 나타났다. 그다음으로는 품질(57%), 내구성(53%), 콘텐츠(49%), 사용 편이성(46%)을 꼽았다. 따라서 합리적인 가격에 좋은 품질의 기기를 공급하는 업체들이 번창할 것이다.

지금부터 3년 후까지 가상현실은 게이머들로부터 큰 관심을 받을 것이다. 그린라이트 VR의 조사에 따르면, "대부분의 게임을 이용한 게임 애호가들의 4분의 3은 가상현실 게임을 즐길 것이다."라고 했다.

앞으로 3년 후부터 가상현실 시장은 혼자서 게임을 즐기는 게이머는 물론 많은 소비자들을 흡수할 것이다. 왜냐하면 조사 결과 "응답자의 53%가 가상현실 기기로 혼자보다는 다른 사람들과 함께 게임을 즐기고 싶다"고 답했기 때문이다. "소비자들은 가상현실을 게임(60%) 보다는 TV와 영화, 동영상 시청(66%)에 사용하고 싶다"고 답했다. 오늘날의 스마트폰 이용자들이 게임은 물론 TV와 영화, 동영상 콘텐츠를 즐기는 것처럼, 소비자의 욕구를 충족시킬 만한 다양한 콘텐츠들을 개발해야 할 것이다.

4. 어떤 VR 컨텐츠를 좋아하는가

그렇다면 소비자들은 어떤 콘텐츠들을 선호할까? 가상현실 콘텐츠에 관심 있는 소비자들은 액션 및 모험(60%)과 SF(40%)를 가장 많이 찾았다. 따라서 이러한 콘텐츠들이 인기 있을 것이다.

지난날에 인터넷과 스마트폰이 세상을 바꾼 것처럼 앞으로는 가상현실이 세상을 뒤흔들 것이다. 우리는 전 세계 모든 도시를 가볼 수 있고, 모든 스포츠 경기를 관람할 수 있으며, 우주를 탐사할 수도 있을 것이다.

그리고 우리는 멀리 떨어져 있어서 자주 만날 수 없는 가족 혹은 친구와 보다 가까이 만날 수 있을 것이다. 사람들과 문자나 영상통화를 하더라도 진정으로 그들과 함께 있다고 느끼지 못했다면 가상현실을 이용하면 좋을 것이다. 앞으로 5년 후에는 가상현실 HMD가 스마트폰처럼 널리 사용될 것이다. 여러 명의 사용자들이 가상현실을 통해 특정한 공간에서 만날 수 있을 것이다.

앞으로 10년 후까지 가상현실은 모든 것을 바꿀 것이다. 학생들은 가상현실 교실에서 학습하고, 가상현실 상점에서 쇼핑하며, 심지어 가상현실 사무실에서 일하게 될 것이다.

가상현실은 의학 분야에도 이용될 수 있다. 2016년 8월 11일 가이던(The Guardian)에 따르면, 듀크대학(Duke University)의 신경과학자 미구엘 니콜렐리스(Miguel Nicolelis) 박사가 이끄는 '워크 어게인(Walk Again)' 프로젝트가 놀라운 성과를 내고 있다. 이 프로젝트는 지난 10개월간 8명의 중환자들을 대상으로 임상실험을 하고 있는데, 이 중환자들은 척추 신경손상으로 하체 감각이 마비되어 10여 년간 다리를 전혀 움직이지 못하는 사람들이다. 그런데 이 중환자들이 감각을 되찾고 여성인 경우 임신까지 가능해지고 있다.

이 환자들은 치료한 것은 뇌-기계 인터페이스(BMI: Brain-Machine Interface)와 외골격(exoskeleton)로봇을 가상현실과 연계했기 때문이다. 워크 어게인 프로젝트 연구진은 환자들에게 가상현실 HMD인 오큘러스 리프트(Oculus Rift)를 착용시켜 재활훈련을 하도록 했다. 몇 개월 후 환자들은 뇌 부위의 움직임이 점차 증가하면서 다리 촉감과 근육 움직임이 느껴지기 시작했다. 효과가 나타난 이유는 어딘가에 살아남아 있지만 몸의 움직임이 없어서 가사 상태에 있었던 신경들이 가상현실을 이용한 훈련으로 되살아났기 때문이다.

Ⅵ. OTT (Over the Top) 서비스[3)]

1. 무한 경쟁에 진입한 OTT 시장 경쟁

유력 외신들이 OTT 서비스 시장은 무한 경쟁 직전의 전쟁터를 방불케 한다. 〈뉴욕타임스〉는 OTT 서비스 간의 경쟁이 제로섬 게임에 가까울 수 있다는 분석을 제시했으며, OTT 서비스 시장은 과거 그 어느 때보다 치열한 경쟁 양상을 보일 것이라고 전망하기도 했다. 넷플릭스가 꾸준한 성장세를 보여주는 사이에 디즈니나 AT&T의 공세가 거세게 이어질 것이며, 애플 또한 자체 OTT 서비스의 출시를 준비하고 있기 때문이다.

2. 디즈니: 압도적인 콘텐츠 파워와 누적의 힘

디즈니는 최근 디즈니+ 서비스를 런칭하였으며 가격은 월 6.99달러, 연 69.99달러로 책정됐다.

디즈니+는 공개 첫해에 7000여 편의 TV 시리즈와 500여 편의 영화 및 스페셜 시리즈를 제공할 예정이다. 이 중 오리지널 시리즈는 25개 이상이 될 것으로 보이며 매년 50개가 넘는 신작 오리지널 시리즈를 추가할 것이라고 밝혔다. 이 밖에도 디즈니+론칭 이후 디

---

3) 2020 빅 체인지 새로운 10년을 지배하는 20가지 ICT 트렌드(KT경제경영연구소) 자료

즈니 산하 제작사 및 유명 프랜차이즈의 콘텐츠들은 모두 디즈니+를 통해서만 독점 제공될 예정이다.

또한 콘텐츠의 양 만큼이나 이목을 끄는 것은 디즈니 콘텐츠들 간의 시너지다. 디즈니는 공전의 히트를 기록한 슈퍼히어로 프랜차이즈 마블의 성공을 발판 삼아 주요 등장인물들의 단독 드라마를 오리지널 시리즈로 제작할 계획이며, 영화 주인공을 OTT로, OTT 주인공을 영화로 끌어들이며 방대한 세계관을 구축할 전망이다. 이러한 플랫폼 간 크로스오버는 콘텐츠의 상승 작용을 이끌며 단단한 팬덤 확보에 기여할 것으로 보인다.

디즈니는 2024년까지 6,000에서 9,000만 명 규모의 디즈니+ 가입자를 유치할 수 있을 것으로 예상하고 있다. 디즈니의 CFO는 "디즈니+가 시장에 안착하기 위해 향후 몇 년간은 적자를 감수하고 오리지널 콘텐츠에 투자를 지속할 예정이며, 흑자 전환 시기는 2024년으로 예상하고 있다"고 언급했다. 향후 5년간의 적자를 감수할 수 있을 정도로 막대한 자금력을 보유하고 있는 디즈니의 자신감을 엿볼 수 있는 발언이기도 하지만, 한편으로는 규모의 경제로 시장을 지배하려는 의도로 해석된다. 실제로 디즈니+의 요금은 월 6.99달러로 넷플릭스, HBO 맥스 등 경쟁사에 비해 저렴하게 책정됐다.

하지만 '콘텐츠의 제왕' 디즈니에게도 약점은 존재한다.

첫 번째로 언급되는 디즈니+의 약점은 바로 서드파티 콘텐츠의 부족이다. 전 세계에 다양한 서드파티를 확보하고 있는 넷플릭스와 달리 디즈니+는 디즈니가 보유한 콘텐츠만 서비스할 것으로 예상되며,

이는 다양한 시청 기호를 만족시키고 있는 넷플릭스와의 경쟁에서 한계점으로 작용할 것으로 보인다. 두 번째 약점은 성인향 콘텐츠의 부재다. 디즈니는 공식 발표를 통해 디즈니+는 PG-13 등급을 넘지 않는 콘텐츠만 서비스할 것이라고 발표했다. 넷플릭스나 HBO 맥스가 오리지널 콘텐츠를 통해 성인층을 적극 공략하고 있는 것과는 상반되는 행보다. 성인들을 위한 콘텐츠는 훌루를 통해 서비스 할 것으로 보이지만 콘텐츠에 따라 플랫폼을 이동해야 하는 불편함, 넷플릭스에 비해 열세인 훌루의 인지도를 고려하면 이 또한 향후 경쟁에서 불리한 요소로 적용할 가능성이 높다.

3. HBO/AT&T: 독점 TV 시리즈로 넷플릭스 무력화

2018년 10월, AT%T 산하의 워너 미디어가 2019년 4분기 중 자체 OTT 서비스를 출시할 것이라고 발표했다. 그로부터 9개월 후인 2019년 7월에는 워너 미디어가 출시하게 될 넷플릭스 경쟁 서비스의 구체적인 내용이 공개됐다. 워너 미디어는 2019년 말 'HBO 맥스'라는 신규 OTT 서비스의 베타버전을 출시한 후 2020년 봄에 이를 공식 출시할 계획이라고 말했다.

HBO 맥스의 강점은 〈왕좌의 게임〉, 〈프렌즈〉, 〈닥터후〉 등 약 200개가 넘는 인기 TV 시리즈에 있다. 이러한 글로벌 히트작들뿐 아니라 워너 미디어 산하 브랜드들을 모두 포함해 약 1만 시간 이상에 해당하는 콘텐츠를 제공할 예정이며, 할리우드의 유명 배우들을 주연으로 내세운 오리지널 콘텐츠 역시 선보일 전망이다.

콘텐츠와 관련해 가장 눈에 띄는 점은 워너 미디어가 산하 브랜드 워너 브로스의 인기 TV 시리즈인 〈프렌즈〉 전편을 HBO 맥스에서만 독점 제공할 예정이라는 것이다. 이는 OTT 서비스 경쟁이 본격화되면서 타 스튜디오 콘텐츠에 대한 넷플릭스의 영향력이 점차 약화되고 궁극적으로 넷플릭스의 가입자가 대거 이탈할 수 있음을 의미한다.

시장조사업체 닐슨의 조사에 의하면, 2018년 가장 많이 시청된 넷플릭스의 TV 프로그램 중 넷플릭스가 독점적 권한을 가지는 프로그램은 단 2개에 불과하다. 같은 조사에서 1위를 차지한 NBC 유니버설의 〈The Office〉 역시 NBC 유니버설이 자체 OTT 서비스를 출시하겠다는 계획을 발표하면서 2021년부터 넷플릭스에서 시청할 수 없게 되는 등 이미 미국 주요 스튜디오들 사이에서도 탈 넷플릭스 현상이 확산되고 있는 모습이다.

AT&T는 HBO 맥스 외에도 다이렉TV 나우, 와치 TV, AT&T TV 등 총 4개의 OTT 서비스를 보유하고 있다. 중구난방인 AT&T의 OTT 서비스가 일원화되어야 한다는 지적이 이어지고 있는 가운데 독점 TV 시리즈를 다수 보유하고 있는 HBO 맥스를 중심으로 서비스 통합이 추진된다면 향후 AT&T 또한 OTT 시장 내에서 큰 영향력을 발휘할 수 있을 것으로 예상된다.

4. 애플: OTT 서비스들의 채널 기능을 강화

애플은 2019년 3월 개최한 자체 쇼타임 행사를 통해 OTT 서비스인 애플 TV+를 공개했다. 지난 수년간 주목을 받았던 애플 TV+

는 다수의 오리지널 콘텐츠를 포함하는 광고 없는 구독형 서비스로, 애플 TV 앱을 새로 디자인한 후 2019년 5월 출시된 새로운 애플 TV 앱에서 서비스를 제공하게 될 예정이다. 애플은 2019년 가을 중 전 세계 100개 이상의 국가에서 애플 TV+를 출시할 계획이나 주요 콘텐츠, 가격 등에 대해서는 아직 공개되지 않는다.

또한 애플은 애플 TV 앱 내의 '애플 TV 채널' 섹션을 강화함으로써 애플 TV를 구독형 동영상 서비스의 허브로 포지셔닝하려는 의지를 드러내기도 했다. 즉 애플은 애플 TV 채널을 통해 HBO, 쇼타임, 스타즈, CBS 올 엑세스를 비롯한 총 150개 이상의 서드파티 OTT 서비스 앱을 제공할 것이며, 이들 앱의 콘텐츠 활용도를 향상시키기 위해 개인화 추천이나 '머스트와치' 콘텐츠 추천 등을 제공하겠다고 밝혔다. 현시점에 애플 TV+의 가장 강력한 경쟁자로 꼽히고 있는 넷플릭스는 애플 TV 채널에 포함되지 않았다.

한편 2019년 5월에 출시된 새로운 애플 TV 앱은 애플 TV 앱을 지원하는 디바이스를 보유하고 있다면 누구나 무료로 이용할 수 있다. 애플은 새로운 애플 TV 앱을 iOS와 맥, 애플 TV 스트리밍 디바이스뿐만 아니라 서드파티 디바이스들을 통해서도 제공할 예정이다. 애플은 로쿠와 아마존 파이어 TV 등 스트리밍 디바이스와 삼성전자, LG, 소니, 비지오 등의 스마트 TV에서도 애플 TV 앱을 제공하겠다고 밝혔다.

5. OTT 무한 경쟁: 그 한계를 넘기 위한 움직임들

넷플릭스가 차지하고 있던 왕좌를 빼앗기 위해 너도나도 오리지널 콘텐츠를 제작하고 독점 콘텐츠에 대한 권리를 강화해가는 사이에 넷플릭스 또한 나름의 지구책을 통해 다가올 방어전을 준비하고 있다. 최근 넷플릭스는 경쟁 포화에 다다른 OTT 시장 내 생존을 위해 기존 콘텐츠 포트폴리오를 개편하고 사업 분야의 다각화를 추진 중이다.

가장 눈에 띄는 움직임은 게임 콘텐츠의 상호작용성을 차용한 인터랙티브 콘텐츠 제작이다. 2018년 12월 공개된 넷플릭스의 인터랙티브 콘텐츠 '블랙미러: 밴더스내치'는 공개 당시 이용자의 선택을 통한 스토리 전개, 끊김 없는 재생 등 상호작용성이 극대화된 새로운 형태로 큰 화제가 됐다. 이슈 몰이에 성공한 밴더스내치를 발판 삼아 게임 요소를 더욱 강화한 리얼리티쇼 〈당신과 자연의 대결〉을 공개했으며, 현재는 인기 게임 '마인크래프트'를 바탕으로 한 인터랙티브 콘텐츠를 개발하고 있다.

넷플릭스의 '게임과의 접점 찾기'는 여기서 그치지 않는다. 2019년 넷플릭스는 창사 이후 최초로 글로벌 대표 게임 전시회 'E3'에 참가했다. 참가 주제는 '넷플릭스 오리지널을 비디오 게임으로 개발하기'였으며, 이 자리에서 넷플릭스의 인기 오리지널 시리즈인 〈기묘한 이야기〉를 기반으로 제작한 게임을 공개하기도 했다. 이러한 시도는 마블 코믹스의 영화화로 전대미문의 성공을 거둔바 있는 디즈니 OSMU 전략과 유사하다. 넷플릭스의 행보 또한 콘텐츠 IP를 기반으로 부가 판권 시장에 진출하고자 하는 것으로 추측되며, 그 주력 분야 중 하나로 게임을 지목한 것으로 보인다.

거대 미디어 사업자들이 육중한 전투를 벌이는 사이에 틈새시장을 노린 군소 사업자들의 약진도 눈에 띈다. 그 대표적인 사례로 드림웍스의 설립자 제프리 카첸버그가 준비 중인 '큐비'를 꼽을 수 있다. 큐비는 모바일을 통해 짧은 길이의 고품질 동영상을 제공하는 구독형 OTT 서비스로, 2018년 7월 디즈니, 폭스, NBC 유니버설 등 거대 미디어 사업자들로부터 약 10억 달러 규모의 투자금을 유치해 화제가 되기도 했다. 2020년 4월 중 출시될 예정이며 가격은 광고 포함 서비스 월 4.99달러, 광고 미포함 서비스 월 7.99달러로 책정됐다.

하지만 큐버의 가장 큰 강점은 오리지널 시리즈에 대한 콘텐츠 IP 정책이다. 오리지널 시리즈의 IP를 모두 가져가는 기존 플랫폼과 달리 이를 시리즈 제작자가 소유하는 것을 허용하면서 미국 엔터테인먼트 업계의 폭넓은 지지를 받고 있다. 이에 호응한 스티븐 스필버그, 길예르모 델 토로 등 할리우드의 유명 감독들이 큐비에 대거 합류했고, 최근에는 유명 코미디언, 배우, 뮤지션 등도 큐비의 오리지널 시리즈에 합류하며 기대감이 커지고 있다.

Ⅶ. 3D 프린트

1. 3D 프린트: 나만을 위한 디자인이 실현된다

최근 3D 프린팅에 대한 관심이 매우 높다. 3D 프린팅은 어떻게 활용될 수 있을까? 우리가 일상생활에서 사용하는 대부분의 제품은 수많은 부품의 조합으로 이루어져 있다. 3D 프린팅의 장점을 극대화할 수 있는 영역은 정교하고 복잡한 구조 설계로 이뤄진 부품이 다수 사용되는 우주 항공, 자동차, 정밀기계 등 이다. 이러한 부품의 경우 보통 복잡한 구조로 여러 개의 세부부품을 조립하는 공정이 반드시 필요하지만 3D 프린팅을 활용하면 추가적인 조립 공정 없이 일체형 부품을 제조할 수 있다. 일체형 부품은 조립 비용을 절감할 수 있을 뿐 아니라, 부품 사이의 부정합으로 발생할 수 있는 문제를 미연에 방지할 수 있다.

예를 들어, GE는 20여 개의 부품을 조립해서 만들던 항공기 제트 엔진의 연료 분사 노즐을 3D 프린팅 방식으로 일체형 부품화해 생산 비용을 기존 대비 75% 절감했다. 또 자동차 부품 기업인 델파이는 3D 프린팅을 통해 기존 대비 가볍고 연료 누출 현상이 적은 일체형 알루미늄 디젤 펌프를 생산하며 미국항공우주국(NASA)도 3D 프린팅 기술을 적용해 로켓 연료 분사장치 생산 기간을 2~3년 에서 4개월로 대폭 줄였다. 지금은 단지 몇몇 기업이 제한된 영역에서 만

3D 프린팅을 활용하고 있지만, 이러한 추세는 앞으로 가속될 것으로 보인다.

기업이 가까운 미래에 3D 프린팅을 효과적으로 활용할 수 있는 또 하나의 영역은 모듈형 제품이 될 수 있다. 하드웨어 제조 기업이 일종의 플랫폼 제품을 제공하고 기능과 디자인이 다양한 모듈을 추가할 수 있도록 개방형 생태계를 구축하는 것이다. 스마트폰과 다양한 애플리케이션의 결합이 소프트웨어 측면의 생태계라고 한다면, 플랫폼 제품과 다양한 기능 또는 모양을 추가하는 것은 하드웨어 관점의 생태계로 볼 수 있다. 정해진 모양으로 조립한 후 분해해서 소비자마다 다른 모양으로 재탄생시키는 레고 블록처럼, 스마트폰 등을 포함한 다양한 개인용 전자기기, 기구, 자동차의 인테리어나 익스테리어 등 의 사업 영역에서 3D 프린팅을 이용한 제2, 제3의 레고를 기대할 수 있다.

2. 3D 프린터의 강점

3D프린터는 다음과 같은 장점이 있기 때문에 시장에서 좋은 반응을 얻을 수 있다.

1) 비용을 절감한다.

미시간 공과대학교(Michigan Technological University)의 조슈아 피어스(Joshua Pearce) 교수 팀은 미국의 일반 가정을 대상으로 3D 프린팅의 파급력을 연구했다. 이 팀은 싱기버스에 올라와 있는 20

개의 일반 가정용품을 선택했고, 각각의 용품들의 온라인 최고가와 최저가를 구분하기 위해 구글 쇼핑(Google Shopping)을 활용했다. 핸드폰 액세서리, 마늘 분쇄기, 샤워기, 수저 홀더를 포함한 20개 품목의 전체 구매 비용은 312~1,944달러였다.

▸▸ [그림 10] 구두를 만드는 '3D프린터' ◂◂

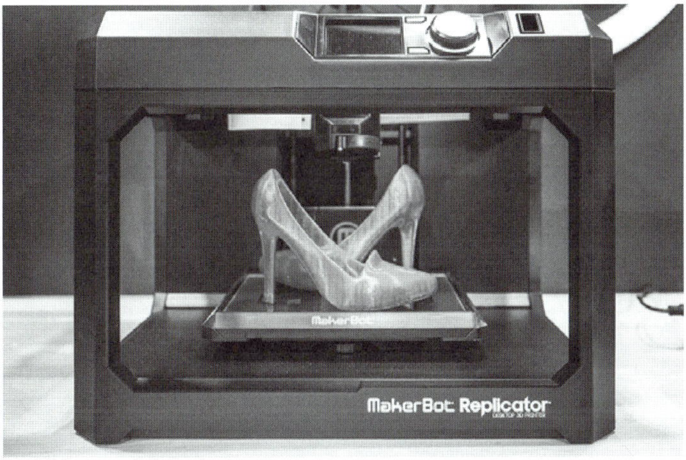

그런데 똑같은 용품들을 3D프린터로 찍어내는 비용을 계산한 결과는 충격적이었다. 가정에서 직접 3D프린터로 이 용품들을 찍어낸 비용은 18달러에 불과했다. 현재 가정용 오픈소스 3D프린터를 설치하는 데 드는 비용은 350~2,000달러이다. 피어슨 교수는 "일반 가정에서 1년에 20개의 용품을 찍어내면, 수개월 혹은 수년 만에 프린터 구입비용을 모두 상쇄하고도 남는다"고 결론 내렸다.

2) 원하는 제품을 쉽고 빠르게 받아볼 수 있다.

매장에 가서 구매하고 집으로 돌아오는 데 걸리는 시간 혹은 온라인 매장에서 상품을 주문해 배송하는 데 걸리는 시간에 비하면, 3D 프린팅을 이용하면 훨씬 더 쉽고 빠르다. 그것도 24시간 내내 언제든 제작할 수 있는 이점이 있다. 휴대폰 케이스나 팔찌를 찍어내는 데는 10분이면 충분하다. 앞으로 3D프린터의 성능이 보다 개선되면서 제작에 소요되는 시간이 절감될 것이다.

3) 재고 비용을 낮춘다.

3D프린터는 개인이나 사업자가 부품이나 완제품을 소비자의 수요에 맞게, 그것도 실시간으로 제작할 수 있게 해준다. 이것은 재고 비용을 낮춰준다. 피어스 교수는 "텐트 용품 사업자를 가정해 보자. 예를 들어, 그는 창고에 텐트 야광 고정핀을 비축할 필요가 없다. 누군가가 해당 물품을 주문하면 그때 바로 제작하면 된다."고 하였다.

4) 커스터마이징이 가능하다.

각각의 제품을 개인의 취향에 따라 제작할 수 있기 때문에, 3D프린터로 제작된 제품은 모두 커스터마이징(Customizing, 이용자가 사용 방법과 기호에 맞춰 하드웨어나 소프트웨어를 설정하거나 기능을 변경하는 것)이 가능하다. 투명 치아 보철은 이미 이러한 방식으로 제작되고 있다. 치과 병원에서 직접 3D프린터를 사용해 환자에게 정확하게 딱 맞는 플라스틱 보철을 제작할 수 있는 것이다.

5) 산업폐기물을 줄이고 무게도 줄인다.

3D프린팅은 기존의 제조 방식보다 원료와 노동력을 덜 사용한다. 일반적인 대량생산 방식으로 제작된 GE의 제트엔진 부품들은 각 부품을 만들 때 2개의 작은 조각들을 용접해야 하고, 상당한 금속폐기물을 양산해낸다. 하지만 적층 가공 기술은 코발트 크롬 가루를 이용해 하나의 완전체로 부품을 제작한다. 이렇게 제작된 부품은 더 가볍게 때문에, 제트 비행기가 연료를 덜 소모하게 된다.

6) 에너지 소모를 줄이고 환경 친화적이다.

피어스 교수 연구팀에 의하면, 일반 공장에서 제품을 대량생산하고 창고에 보관하는 것보다 3D프린터로 제작할 때 에너지를 덜 쓰고 이산화탄소도 적게 배출한다. 3D프린터로 제작하는 경우 에너지 절감 효과는 41~64%에 이른다.

7) 혁신적인 제품을 생산할 수 있다.

엔지니어와 제품 디자이너들은 3D프린터를 통해 프로토타입(prototype, 제품을 양산하기 전에 제작해 보는 시제품)을 더 빠르고 저렴하게 제작할 수 있다. 또한 지금까지 불가능했던 제품이나 부품을 조합하는 것이 가능해졌다. 예를 들어, GE의 항공 엔지니어들은 열을 이겨내는 힘과 강도가 전례 없을 정도의 수준으로 조합된 합금으로 터빈깃을 디자인하고 있다.

3. 3D 프린트 어디에 쓰일 수 있나

3D프린팅 기술은 고객 맞춤형 제품을 생산하는 의료와 의류 등의 분야에 강한 영향력을 끼칠 것 같다. 이 기술은 투명 치아 보철뿐만 아니라 각 사용자에게 맞춤화된 보청기 등의 의료기구나 인공장기 등을 제작하는 데도 이상적이다.

일례로 워싱턴대학교(University of Washington)의 샤론뉴먼(Sharon Numan)등 연구진은 3D프린터로 소아 갈비뼈 연골조직을 만들었다. 그리고 이 연골조직의 강도와 촉감 등을 실제 연골조직과 비교했는데, 실제와 별다르지 않을 정도로 품질이 좋았다. 연구진은 이 연골저직을 이용해 인공 귀를 만들었고, 이 인공 귀를 이용해 수술한 의사들은 8세 환자의 청력을 되찾아주었다.

영국 러프버러대학교(Loughborough University) 연구진은 개인에게 완벽하게 맞는 맞춤형 의류를 개발하고 있다. 예를 들면, 수영선수 개인의 신체 구조와 완벽하게 일치하면서 물의 저항을 최소화 하는 경기용 수영복을 제조할 수 있다. 외과 의사의 경우 자신의 손 모양과 완벽하게 일치하는 일회용 수술 장갑을 얻을 수 있다.

현재 뉴밸런스(New Balance)는 고객 맞춤형 운동화를 제작하는데, 패션 디자이너들은 보석과 선글라스, 수영복, 드레스를 제작하는 데 3D프린팅 기술을 사용하고 있다. 따라서 앞으로 10년 후 까지 대기업뿐만 아니라 중소기업도 소비자 개개인의 취향에 맞는 제품을 공급하기 위해 3D프린팅 기술을 활용할 것이다.

Ⅷ. 드론산업

과거에는 드론을 주로 군사용으로 사용하였다. 대 테러 전쟁에서 활약상이 자주 보도되는 미군의 프레데터와 같은 것이 대표적이다. 군사용 드론은 높은 신뢰성과 내구성, 그리고 긴 체공시간이 필요하기 때문에 크기가 크고 가격도 매우 높았다. 이에 비해 최근에 각광 받는 소형 민간용 드론은 상대적으로 가격이 저렴하다. 앞으로 드론의 활용 분야는 매우 다양하다. 몇 가지 잠재력이 큰 분야는 다음과 같다.

물류

구글, 아마존, 월마트 등, 많은 기업이 드론을 활용한 배송 서비스를 실험하고 있다. 드론을 활용한 배송의 가장 큰 장점은 속도와 비용이다. 드론은 공중으로 배송하기 때문에 교통상황에 영향을 받지 않고, 여러 목적지를 순차적으로 돌지 않기 때문에 물류창고에서 몇 km의 범위는 십 분 내에 배송이 가능하다.

드론을 활용한 배송 서비스는 지역별 물류센터에서 수십~수백 대의 드론이 각 목적지 별로 물품을 배송하는 형태가 될 것이다. 목적지 정보는 시스템에서 드론으로 자동 전송되고 드론은 GPS는 물론 카메라와 각종 센서, 그리고 이를 통해 수집된 정보를 바탕으로 배송을 할 것이다. 이렇게 되면, 새와의 충돌 위험 등 갑작스런 응급상황에서도 잘 대응할 수 있을 것이다.

물론 모든 배송을 드론이 할 수는 없다. 부피가 크거나 무게가 무거운 것은 드론이 배송할 수 없기 때문이다. 그러나 긴급배송이 필요한 작은 박스는 드론으로 충분히 배송할 수 있다. 1~2시 시간 내에 배송해야 하는 긴급주문을 육상으로 사람이 배송하는 경우보다 드론으로 배송하는 것이 시간뿐만 아니라 비용 상으로도 이점이 있다.

▸▸ [그림 11] 드론산업 ◂◂

통신

우리가 알고 있는 일반적인 드론은 배터리로 작동되고 사람이 무선으로 조정해서 한 번에 20~30분 정도 비행할 수 있는 기계이다. 그런데 태양에너지로 몇 년 동안 공중에 머물 수 있는 드론이 개발된다면 어떨까? 실제로 구글과 페이스북은 이런 드론을 개발해서 인터넷 서비스 제공에 활용할 계획을 세우고 있다.

구글의 드론은 50미터에 달하는 태양광 패널 날개를 가지고 있고 이륙하면 최대 5년까지 착륙하지 않고 2만 미터 상공에서 비행이 가능하다. 구글은 이런 드론을 개발한 타이탄 에어로스페이스(Titan Aerospace)를 1조원 가까운 돈을 들여 2014년에 인수했다. 구글은 이 드론에 무선인 인터넷 중계기를 탑재해서 인터넷 사용이 어려운 오지에 무료 인터넷을 공급할 계획이다.

페이스북은 타이탄 에어로스페이스와 유사한 기술을 가진 영국의 드론 기업인 어센타(Ascenta)를 인수하였다. 페이스북은 어센타가 개발한 태양광 드론인 아퀼라(Aquila)의 시험비행을 2015년 3월에 실시하였다. 페이스북은 아퀼라를 향후 수년 간 1,000대 정도 배치하면 전 세계에 무선인터넷을 무료로 제공할 수 있다고 주장하고 있다.

아퀼라는 보잉 737 정도의 날개 크기를 가지고 있으며 이륙 후 2만 미터 상공에서 태양광발전을 통해 3개월 정도 인터넷 접속 서비스를 제공할 수 있다고 한다.

상상해 보라. 전 세계 어디에 있든지 초고속 WiFi 서비스를 무료로 받을 수 있다면 이것은 우리 생활에 큰 영향을 가져올 것이다. 특히 인터넷 접속이 쉽지 않은 저개발 국가의 IT활용을 촉진시키고 비행기 안에서의 인터넷 서비스 등, 새로운 서비스 개발도 가능할 것이다.

농업

일본은 이미 20여 년 전부터 농업에 무인 헬리콥터를 활용하는 등 드론을 일찍부터 활용하고 있다. 드론을 농업에 가장 잘 활용할 수 있는 분야는 특수카메라를 통한 병충해 감지와 예방, 파종, 농약 살포 등이다. 드론에 자외선, 적외선을 포함한 다양한 파장의 영상을 찍을 수 있는 멀티스펙트럼(multi-spectrum) 카메라를 장착하면 농경지의 병충해를 감지 할 수 있다. 이것은 물론 미국과 같이 농경지가 넓은 경우에 더 효과적이다. 드론에 파종장치를 설치하면 넓은 지역에 파종을 할 수 있고, 농약살포장치를 달면 농약살포에도 사용할 수 있다.

Ⅸ. 자율주행차, 세상을 바꾼다

1. 미래 자동차 산업

그 동안 자동차는 승객과 화물을 실어 나르는 기본적인 역할부터 빠른 이동, 편의 등 다양한 가치를 인간에게 제공하며 삶에서 없어서 안 될 충실한 운송 수단의 역할을 해왔다. 또한 자동차 산업이 경제에 미치는 영향은 매우 크다.

다른 산업에 미치는 파급효과가 클 뿐만 아니라 고용 유지에도 큰 역할을 하기 때문에 주요 선진국들은 대부분 자동차 산업을 주요 산업으로 지정해 지원하고 있다. 우리나라에서도 자동차 산업은 앞으로도 중추적인 산업으로 남을 것이다.

2030년 미래 사회는 환경에 대한 중요성이 더 강조되고, 개인의 가치가 더 중시되며, 공유 경제가 더 활성화되어 있을 것이다. 우리 생활과 밀접한 자동차 산업도 이러한 사회 변화와 함께 전기 자동차와 자율주행 자동차의 등장이라는 큰 변화를 눈앞에 두고 있다. 자동차 산업의 미래 모습은 사회의 변화와 관련이 있기 때문에 미래 사회의 변화를 예측하는 데 도움이 될 것이다.

2. 친환경 전기 자동차의 확산

사실 각종편의를 제공하는 자동차산업은 한편으로는 환경오염의 주범이기도 하다. 이에 각국 정부에서는 자동차에서 발생하는 질소산화물(NOX), 미세 먼지 등 유해 배기가스와 온실가스인 이산화탄소(CO_2)에 대해 강력하게 규제하고 있다. 미국의 경우 2025년까지 자동차 평균 연비를 24km/L 이상으로 높일 것을 규정하고 있으며, 유럽에서도 2025년까지 자동차 이산화탄소의 발생량을 70g/km 수준으로 줄이는 등 규제를 대폭 강화할 예정이다. 일부 국가에서는 규제를 넘어 아예 내연기관을 퇴출하는 방안을 고려하고 있다.

노르웨이와 네덜란드는 2025년에, 독일은 2030년에 내연기관을 장착한 자동차의 등록을 금지하는 규정의 적용 여부를 논의하고 있다. 엄격한 환경규제가 계속 된다면 내연기관 자동차만 생산・판매하는 자동차 회사는 문을 닫을 수밖에 없을 것이고, 전기 자동차를 대량으로 생산할 수 있는 업체만 생존할 것이다. 당장 모든 자동차를 전기 자동차로 대체할 수는 없기 때문에 일정 기간은 내연기관과 전기 동력을 함께 사용하는 하이브리드 자동차가 공존할 것이다. 하지만 하이브리드 자동차에서는 배출가스를 완전히 없앨 수 없기 때문에 궁극적으로는 전기 동력을 사용하는 자동차만 남을 것이다. 전기 자동차와 같이 전기 동력으로 움직이는 연료전지 자동차도 개발 중이며, 미래에는 전기 자동차와 연료전지 자동차가 사용자의 이용 유형에 맞게 사용될 것이다.

전기로 움직이는 자동차가 늘어나면서 자동차에서 발생하는 유해 배기가스가 사라지고 미세 먼지의 양은 크게 감소할 것이다. 신재생 에너지를 이용한 전기를 사용하면서 이산화탄소 발생을 줄여, 자동차가 지구온난화에 미치는 영향이 감소할 것이다. 특히 자동차 밀집도가 높은 도심에서 대기 환경 개선 효과가 더욱 크게 나타날 것이다. 전기 자동차의 사용 증가로 자동차를 이용하는 생활 방식도 변화할 것으로 예상된다. 특히 내연기관 자동차가 줄어들면서 주유소의 수가 크게 줄어들 것이다. 특히 전기 자동차의 운행이 많은 도심에서는 아예 주유소가 사라질 것이다. 대부분의 전기 자동차는 심야에 집에서 충전을 하게 될 것이다.

외부 충전을 위해 도심 내 주차 공간마다 유무선 전기 자동차 충전 장치가 설치될 것이며 빠른 시간에 충전을 원하는 사람들을 위한 급속 충전소가 기존 주유소 자리를 대신할 것이다. 충전할 수 있는 장소를 자동차에 알려주는 서비스가 생기고, 자율주행 기술을 접목해 자동차는 배터리를 충전해야 하는 상황이 되면 스스로 충전소를 찾아가 전력을 공급받을 것이다. 내연기관 자동차의 감소로 자동차용 유류 제품의 소비가 점차 줄어들 것으로 보인다.

미국의 에너지 컨설팅업체 우드맥킨지는 전기 자동차가 2035년까지 미국 자동차 시장 점유율 35%를 넘으면 미국 내 휘발유 소비는 최대 20%까지 줄어들 것으로 전망했다.

3. 자율주행차 - 스마트 커넥티드 카의 시대가 온다

친환경차에 출현이후에는 자율주행차의 등장으로 자동차산업의 혁명이 실현될 것이다. 자율주행자동차가 실현되면 공상과학 영화에서 나왔던 많은 일들이 현실이 될 수 있다. 예를 들어, 출퇴근할 때 운전은 차에게 맡겨 놓고 업무를 보거나 다른 일을 할 수도 있다. 게다가 목적지에 도착하면 자동차 스스로 주차장의 빈자리를 찾아서 주차를 하게 할 수도 있다. 반대로 자동차가 주차장에서 스스로 나와서 건물 앞에서 대기하도록 하는 것도 가능하다.

자율주행자동차는 다양한 센서를 통해 사고를 예방할 수 있기 때문에 자동차 사고에 따른 경제적 사회적 비용을 줄일 수 있는 것은 물론, 에너지 절약도 가능하다. 이것이 가능한 것은 센서를 통해 자율

▸▸ [그림 12] 스마트 커넥트 자율주행차 ◂◂

주행차 간의 간격과 속도를 조절할 수 있기 때문이다. 덕분에 공기 저항도 줄고 가속과 감속횟수가 줄어서 연비가 훨씬 좋아지게 된다. 자율주행자동차가 일반화되면 어떤 영향이 있을까? 가장 큰 영향을 받을 것으로 예상되는 부분은 다음과 같다.

물류

자율주행자동차는 배송 서비스와 같은 물류분야에도 큰 영향을 미칠 것이다. 현재 택배와 같은 배송 서비스를 자율주행자동차가 많은 부분 대체하리라 생각한다. 택배 물품 중 긴급배송이 필요한 작은 박스는 드론이 맡고, 크기가 큰 박스는 인공지능이 장착된 자율주행자동차가 맡는 것이 예상된다.

실제로 구글은 최근에 무인 배송트럭에 대한 특허를 공개하였다. 이 특허에 따르면, 무인 배송트럭은 사물함과 비슷한 보관함을 여러 개 쌓아놓은 형태이다. 소비자는 무인 배송트럭이 집 앞으로 오면 자신의 스마트폰이나 미리 받아놓은 인증코드를 트럭에 입력해 본인의 물품이 들어있는 보관함을 열고 물건을 받을 수 있다. 이때 물품대금을 신용카드로 지불할 수도 있다. 즉, 착불 방법도 가능한 것이다.

보험 등의 관련 산업

자율주행자동차는 사람이 운전하는 자동차보다 사고가 훨씬 적을 것이다. 물론 아직은 기술적인 완성도가 떨어져서 사람이 운전하는 것 보다 안전하다는 데 회의적인 시각도 있다. 그렇지만 기술이 완성

단계에 접어들면 사람이 운전하는 것보다 안전하리라는 것은 자명한 사실이다.

자율주행자동차가 일반화되면 사고가 줄어서 자동차 보험 산업이 크게 축소될 수도 있다. 물론 아무리 자율주행자동차가 일반화된다 하더라도 여전히 즐거움을 위해서 운전을 직접 하고 싶어 하는 사람은 있을 것이고, 이들을 위한 보험은 존재할 것이다. 하지만 이런 사람들은 엄청나게 비싼 보험료를 부담해야 할 것이다. 혹은 경주용 자동차 써킷처럼 정해진 장소에서만 운전이 가능할 수도 있다. 테슬라(Tesla) 창업자인 엘론 머스크(Elon Musk)는 “내 아들 세대에서는 사람이 자동차 운전을 하는 것이 법으로 금지될 것이다”라는 다소 과격한 예상을 하기도 했다.

4. 자율주행이 변화시킬 자동차 생활

자율주행은 교통 체증 문제를 감소가 아니라, 근본적으로 해결할 수 있다는 점에서 ‘도시화’라는 메가트렌드에 매우 중요한 기술이다. 자율주행 기술은 교통 체증의 가장 큰 원인인 운전자의 반응 시간 지체, 즉 ‘유령 체증’을 대폭 줄일 수 있다. 운전자가 도로 상황을 인지하고 적정 속도를 판단한 후 가속 및 감속 제어를 하는 것보다 시간을 단축시킬 수 있어, 자율주행 자동차가 많아질수록 교통 체증도 줄어들고, 이에 따른 사회적 비용도 감소할 것이다. 그리고 더 나아가, 완전 자율주행이 의무화되는 시점에는 모든 차량이 네트워크에 연결되어 도로 위에서 마치 공장의 컨베이어 벨트처럼 체계적으로 움직이며, 도시 교통 시스템 전체를 하나의 큰 유기적 시스템으로 변화시킬 수 있다. 이렇게 되면 교통 체증을 완전히 제거하는 것도 충분히 가능한 일이다.

더 이상 사람이 운전할 필요가 없어지면서, 앞으로 탑승자들은 차 안에서 시간을 더욱 효율적으로 보낼 수 있게 된다. 물론 지금 택시를 이용하는 모습을 생각해보면, 운전을 하지 않는 자유 시간이 곧 바로 생산적인 시간을 의미하지는 않는다. 현재 승용차의 인테리어가 전방 주시와 수동형 안전장치를 위해 최적화된 구조이기 때문이다. 그래서 이미 많은 기업들은 완전자율주행을 대비해 다양한 사용 환경과 내부구조의 변화를 꾀하고 있다. 시장 분석 업체 스터티스타는 2020년까지 전 세계 자동차 중 1억 5,000만 대가 인터넷에 연결될 것이고, 2025년에는 모든 신차가 인터넷에 연결되어 판매될 것이라고 전망한다. 이를 통해 우리는 일상에서 즐기던 디지 라이프를 자동차 안에서도 즐길 수 있을 것이다.

자동차는 하나의 움직이는 디지털 기기가 되고, 우리는 컴퓨터와 스마트폰으로 수행하던 모든 업무, 연락, 게임, 문화생활 등을 자동차 안에서도 경험할 수 있게 된다. 애플, 구글과 같은 IT 기업들은 이미 자사의 OS(운영 체제)를 차량의 인포테인먼트(Infotainment) 시스템과 연결할 수 있는 카 플레이(Carplay)나 안드로이드 오토(Android Auto)를 통해 변화를 시도하고 있다. 자동차의 디지털화 인테리어 구조의 변화를 촉진하는데, 그 대표적인 것이 디스플레이가 될 것이다.

현재 승용차에서 볼 수 있는 디스플레이는 운전석에 위치한 디지털 클러스터와 차량 중앙에 위치한 센터페시아에 설치된 디스플레이가 전부다. 테슬라 모델 S에서는 운전석의 방향 지시 등을 제외한 모든 제어를 하나의 센터페시아 디스플레이로 구현했다. 이러한 트렌드는 자율주행의 발전과 함께 확대되어, 도어나 윈도우, 헤드레스트 등에 디스플레이를 접목해 차량 내 디지털활동을 더 편리하게 해줄 것이다. 이러한 변화로 인해 전방 주시의 의무가 사라져 시트의 이동이 더 자유로워질 수도 있다. 편안히 휴식을 취하거나 영화를 감상하는 것을 넘어, 비즈니스 회의나 가족들과 오붓한 시간을 위해 마주 보며 대화하는 일도 가능해질 것이다.

X. 모빌리티 혁명[4)]

1. 킥보드에서 버스까지, MaaS 모빌리티 통합혁명

MaaS(Mobility as a Service)는 여러 교통수단을 단일 앱으로 연계하고 통합해 포괄적인 이동 서비스를 제공하는 것을 의미한다. MaaS는 버스, 기차 등의 대중교통과 자동차 공유 서비스, 택시, 승차 공유 서비스, 자전거 공유 등 다양한 형태의 이동 옵션에 접근할 수 있도록 제공되는 통합 이동 솔루션이다. 고객은 하나의 앱에서 다양한 이동 옵션을 예약 및 결제할 수 있다. MaaS는 다양한 모빌리티 서비스를 고객에게 통합해 제공할 뿐 아니라 결제를 처리하고, 개별적인 모빌리티 공급자들에게 수익을 분배하는 플랫폼 역할을 수행한다.

MaaS는 모빌리티 시장의 성장을 견인하고 있다. 컨설팅 업체 프로스트 앤 설리번은 2025년 모빌리티 솔루션 시장이 2017년 대비 2배 이상 성장할 것으로 예측하며, 이러한 시장 성장을 견인하는 핵심 요인으로 MaaS를 주목했다. 시장조사기관 마켓 리서치 퓨처는 글로벌 MaaS 시장이 2016년부터 연평균 36%씩 성장해 2023년 약 30조 원 규모를 달성할 것으로 전망했다.

4) 2020 빅 체인지 새로운 10년을 지배하는 20가지 ICT 트렌드(KT경제경영연구소) 자료

MaaS에 대한 공통된 접근 및 확산을 위해 민관 파트너십으로 운영되는 MaaS 얼라이언스에서는 MaaS의 통합 정도를 다섯 가지 레벨로 분류하고 있다.

먼저, 레벨 0은 통합이 이루어지지 않고 각각의 교통 옵션이 개별적으로 제공되는 상황이다. 레벨 1은 정보의 통합 단계로, 출발지와 목적지 상의 경로와 비용 등의 정보를 제공하고 사용자의 선택을 용이하게 해준다. 레벨 2는 검색·예약·결제의 통합 단계로, 개별적인 이동에 대한 검색, 예약, 결제를 지원한다. 미리 등록해놓은 신용카드 등을 통해 단일 서비스 내에서 이용할 수 있는 편의성을 제공한다. 레벨 3은 교통 서비스의 통합 단계로, 개별적인 이동뿐만 아니라 서로 다른 교통 옵션을 번들이나 패스를 통해 제공하고, 개인의 데일리 모빌리티 니즈를 충족시킴으로써 자동차 소유의 대안을 제공할 수 있는 단계다. 레벨 4는 사회 목표 통합 단계로, 모빌리티의 수요와 공급의 연계를 넘어 확장되는 단계로서 차량 사용의 감소와 도시 경쟁력 강화 등의 목표 달성을 위해 모빌리티 수요 및 공급을 활용하는 단계다.

2. MaaS 핵심 4요소

컨설팅 업체 딜로이트는 MaaS를 구성하는 핵심 요소로 인프라스트럭처, 데이터 제공업체, 대중교통 운영업체, 모빌리티 서비스 플랫폼 업체를 꼽는다.

인프라스트럭처 MaaS는 데이터 기반의 사용자 중심 서비스로 스마트폰과 네트워크 기술의 발전에 힘입어 동반 성장했다. MaaS가

효과적으로 작동하려면 인프라가 잘 형성돼 있어야 한다. 필요한 인프라에는 3G · 4G · 5G 네트워크와 스마트폰의 광범위한 보급, 높은 수준의 연결성, 이동 정보에 대해 실시간으로 정보를 안정적으로 제공해야 하며, 현금이 필요 없는 지급결제 시스템 등이 있다.

MaaS 인프라를 잘 구축하기 위해서는 다양한 영역에 속한 행위자들이 서로 협업할 필요가 있다. 모빌리티 관리자, 정보통신 회사, 지급결제 처리업체, 공공 및 민간교통 제공업체, 그리고 정부 당국 등이 이에 해당된다.

데이터 제공업체 사용자들은 다양한 교통수단을 통합해 한 앱에서 이용할 수 있게 하는 앱이나 웹페이지와 같은 플랫폼을 통해 MaaS에 접근한다. 이들 플랫폼 간의 경쟁은 치열하다. 좋은 플랫폼은 다양한 교통수단을 통합해주고, 실시간으로 교통 상황을 업데이트해준다. 사용자들은 플랫폼이 제공해주는 데이터가 얼마나 정확하고 질이 좋은지에 따라 사용을 선택하곤 한다.

데이터 제공업체는 교통수단 운영업체와 최종 사용자 사이의 중재자 역할을 한다. 이들은 교통 데이터 분석을 제공하며, 다양한 서비스 제공업체들 간의 데이터 교환을 관리한다. 개별적인 모빌리티 서비스 제공업체들이 자체 데이터를 서로 공유할 가능성은 낮다. 그렇기 때문에 제3자인 데이터 제공업체가 개입해 협력을 가로막는 일부 장애물을 제거하고 데이터 공유에 도움을 줘야 한다.

대중교통 운영업체 MaaS에서 가장 큰 역할을 담당하는 곳 중 하나는 대중교통 운영업체다. 모빌리티 서비스를 퍼스트 마일과 라스트 마일까지 확장하려는 흐름은 많은 교통 운송업체들이 자전거 공유, 전기스쿠터와 같은 새로운 교통수단을 도입하거나, 승차 공유처럼 상호 보완적인 수단과 기존 대중교통 서비스의 결합을 추진하도록 했다. 캐나다 퀘백의 일부 지방에서는 민간 대중교통 업체인 코뮤오토가 자전가 및 차량 공유를 포함한 모빌리티 패키지를 제공하고 있다.

기존 대중교통 서비스의 문제점은 수많은 소규모 모빌리티 사업자 증가의 원동력이 됐다. 이들은 주차, 차량 공유, 차량 호출, 주문형 버스 승차 등의 혁신적인 모빌리티 서비스를 제공하기 시작했다. 이러한 새로운 혁신적인 서비스들은 MaaS 성장의 밑거름이 되고 있다.

모빌리티 서비스 플랫폼 MaaS 분야에서 최근에 가장 강조되고 있는 분야는 서비스 플랫폼이다. 모빌리티 서비스 플랫폼 업체들은 고정 자산 투자가 적은 비즈니스 모델을 사용해 다양한 민간 및 공공 대중교통 운영업체들을 상호 연결시켜 단일한 앱과 사이트를 통해 예약하고 비용을 편리하게 지불하고 서비스를 이용할 수 있게 해준다.

다양한 모빌리티 서비스를 통합하는 일은 어려움이 따르기 때문에 소수의 모빌리티 서비스 플랫폼 업체들만이 살아남아 서비스를 제공하고 있는 상황이다. 유비고는 스웨덴 예테보리에서 운영됐던 소규모 시범 사업 후 2016년 후반 들어 본격적으로 사업화되어 서비스 중이다. 핀란드 헬싱키의 MaaS 핀란드 시범 사업은 2015년 초반에 시작된 후 민간 스타트업인 매스 글로벌 오와이로 재편되어 자사 플랫폼을 통해 MaaS를 서비스하고 있다.

3. MaaS 플랫폼 모빌리티 시장 지배

자동차 업체들의 모빌리티 업체에 대한 투자가 증가하고 있다. 현대차는 2019년 3월 인도의 모빌리티 플랫폼 업체인 오라에 3억 달러 투자를 결정했다. 현대차는 2018년 싱가포르 모빌리티 업체인 그랩에 2억 7500만 달러 투자를 결정한 것에 이어 몇 달 사이 또 대규모 투자를 결정했다. 보수적인 조직 구조로 의사 결정이 느린 자동차 업계에서 모빌리티 업체에 잇달아 거액을 투자하는 것이 이례적이라는 평가가 나오지만, 모빌리티 전문가들은 자동차 업체들의 이러한 움직임을 생존 전략이라 평가한다. 모빌리티 시장이 빠르게 C(연결성) A(자율주행) S(차량 공유) E(전동화) 중심으로 변화하고 있다. 이러한 변화에 대응해 자동차 업체들은 CASE 업체에 투자하며 생존을 모색하고 있다.

변화하는 모빌리티 생태계 뒤에는 소프트뱅크가 존재한다. 소프트뱅크는 미래 모빌리티 시장이 MaaS 플랫폼 중심으로 재편될 것으로 전망한다. 소프트뱅크 손정의 회장의 비서실장이었던 시마 사토시는 한 언론 인터뷰에서 손정의 회장이 모빌리티 시장이 스마트폰과 유사해질 것으로 전망한다고 언급했다. 스마트폰 시장에서 대박을 치고 있는 곳은 스마트폰 제조사가 아니라 구글과 같은 플랫폼을 통제하는 회사들이다. 손정의 회장은 모빌리티 시장도 이와 같이 플랫폼을 통제하는 회사들이 지배하게 될 것임을 전망했다.

소프트뱅크는 승차 공유업체들이 미래 MaaS 플랫폼이 될 가능성이 높다고 판단하여 대규모 투자를 진행하고 있다. 글로벌 승차 공유업체 빅 5인 미국의 우버, 싱가포르의 그랩, 중국의 디디추싱, 인도의 오라 중에서 리포트를 제외한 4곳에 투자를 하고 있다. 소프트뱅크가 승차 공유업체 4곳에 투자한 총 액수는 2019년 8월 기준으로 약 32조 원에 달하는 것으로 알려져 있다. 소프트뱅크는 단순 투자에 그치지 않고 회사에 이사진을 파견해 경영에도 참여하고 있다.

4. 우버, 차량 공유를 넘어 모빌리티 서비스 통합으로

우버, CEO 다라 코스로우사히는 2019년 2월 중순 경 샌프란시스코에서 개최된 '골드만삭스 기술 인터넷 컨퍼런스'에 참석해 우버의 궁극적인 목표는 자동차 소유권의 대안이 되는 것이라고 언급했다. 아마존이 서드파티 판매자와 중소 상인들의 마켓플레이스인 것처럼 우버도 결국에는 다양한 운송 서비스 사업자들의 마켓플레이스가 될 것이라고 설명했다.

우버는 MaaS를 추진하는 이유를 다음과 같이 언급하고 있다. 먼저, 우버의 비전을 달성하기 위해서는 전체적인 모빌리티 옵션을 통합해 제공할 필요가 있다는 점이다. 궁극적으로 우버의 장기적인 목표는 앱 내에서 모든 모빌리티 옵션을 예약할 수 있게 하는 것이다. 다음으로, 우버는 현재 치열한 경쟁 환경에 직면해 있으며 최소 3년간은 수익성이 없을 것으로 자체적으로 분석하고 있다. 2019년 9월 발표된 〈포브스〉의 기사에 의하면, 우버는 주요 비즈니스 모델인 승차 공유 서비스의 수익성 악화 우려로 IPO 가격 대비 2019년 9월 약 30% 정도 주가가 하락했다고 보도했다. 이로 인해 우버는 신규 수익 발굴과 미래 성장 동력이 필요한 상황이다.

우버는 MaaS로의 전환을 시도하고 있는 대표적인 사업자로 2018년 4월 마이크로 모빌리티와 대중교통을 연결하는 종합 도시 교통 플랫폼으로 거듭나겠다는 비전을 공개한 뒤 2018년 9월에는 앱에서 목적지까지 갈 수 있는 다양한 교통수단을 제시하는 모드 스위치 기능을 추가하는 등 MaaS 서비스 제공을 위해 대대적인 리디자인을 진행했다.

2018년에는 특히 마이크로 모빌리티 영역에서 활발한 움직임을 보여줬다. 2018년 4월에는 도크리스 전기자전거 공유 스타트업인 점프를 인수한 뒤 10월 캘리포니아 산타모니카 지역에서 점프 브랜드의 전기스쿠터 공유 서비스를 출시했다. 7월에는 알파벳의 GV가 리드하는 라임에 대한 약 420억 원 규모 투자 라운드에 투자자로 참여하면서 전기스쿠터 스타트업 라임과도 협력을 추진했다. 또한 라임 스쿠터 중 일부에 우버의 로고를 부착하고, 우버 앱 내에서 라임 스쿠터를 대여할 수 있도록 하는 파트너십을 체결했다. 이는 우버가 점프를 인수하기 전에 점프와 추진했던 파트너십과 매우 흡사한 형태였기 때문에 2018년 12월 해외 언론사 인포메이션을 통해 우버가 라임과 인수 논의 중이라는 설이 제기됐으나 라임 측에서 이를 부인한 상태다.

우버는 2018년 말부터 2019년 초까지는 자사 앱을 대중교통과 통합하려는 노력을 활발히 보여줬다. 2018년 12월에는 이집트 카이로에서 14인승 미니버스의 좌석을 예약할 수 있는 우버 버스 서비스를 제공하기 시작했다. 2019년 1월에는 인도 뭄바이에서 우버 보트의 파일럿 서비스를 개시했다. 2019년 2월에는 미국 덴버 지역

대중교통 시스템인 RTD와 제휴해 우버 앱 내부에서 목적지까지 기차, 버스, 지하철 등 대중교통 옵션을 이용했을 때의 예상 시간을 볼 수 있도록 했다. 이는 우버 측에서 대중교통이 우버를 타는 기존 옵션보다도 더욱 나은 수단일 수 있음을 처음 제안한 것인 만큼 상당히 파격적인 시도라 할 수 있다.

2019년 5월에는 미국 덴버 지역 대중교통 시스템인 RTD와의 파트너십을 더욱 확대해 일부 사용자들을 대상으로 앱 내에서 RTD 티켓을 구매할 수 있도록 하는 기능을 테스트 후 2019년 6월 25일부터는 이 기능을 덴버 지역 모든 사용자로 확대했다. 우버는 2019년 7월에 해당 기능을 출시한 이후 1200장 이상의 RTD 티켓을 판매했으며, 매주 티켓 판매량이 평균 42%씩 증가했다고 발표했다. 우버 측은 또한 2019년 1월 RTD와이 파트너십을 개시한 이후 대중교통 거점에서 시작하거나 종결되는 우버 이용이 11.6% 증가했다고 발표했는데, 이는 자사의 기존 비즈니스 수익 잠식에 대한 우려에도 불구하고 MaaS로의 전환 이후 전체 우버 이용 증대 효과가 목적한 바대로 이루어지고 있음을 시사한다.

2019년 7월에는 승차 공유에 대한 할인과 함께 전기 자전거 및 스쿠터 공유, 음식 배달을 무료로 사용할 수 있는 월 약 3만 원의 Pass 구독 서비스를 테스트하기 시작했다. 2018년 10월 출시됐던 구독 서비스인 라이드 패스가 탑승 시간대의 혼잡도와 관계없이 그 달 이용 기록에 따라 책정된 고정 요금률로 우버엑스와 우버풀을 보다 저렴하게 이용할 수 있도록 했던 것과 비교해보면 전기 스쿠터 및 자전거 공유 서비스가 구독의 중요 혜택으로 포함된 것이 눈에 띄는데, 이는 우버가 앱 내에서 제공하는 이동 옵션 간의 통합을 보다 강화하여 MaaS를 본격화하고 있음을 보여준다.

5. 리프트, 마이크로 모빌리티 인수와 대중교통 연계를 통해 MaaS로

리프트는 우버와 유사하게 MaaS를 제공하기 위해 노력 중이다. 퍼스트 마일과 라스트 마일 이동을 위한 마이크로 모빌리티 옵션 제공과 관련해서는 2018년 9월 자체 전기스쿠터 공유 서비스를 론칭했다. 그러나 리프트가 특히 적극적으로 투자하고 있는 영역은 자전거 공유 서비스로, 2018년 7월 인수한 자전거 공유업체 모티베이트를 통해 지자체와 독점계약 형태로 자전거 공유 서비스를 제공함으로써 단숨에 광범위한 서비스 지역을 확보하는 데 성공했다.

리프트가 인수한 모티베이트는 미국 최대의 자전거 공유업체로, 미국 내 자전거 대여 서비스의 80%를 점유하고 있다. 이러한 규모에 비해 상대적으로 이름이 덜 알려진 이유는 모티베이트가 스폰서와의 계약을 통해 스폰서의 이름으로 자전거 공유 서비스를 제공하고, 그 대가로 광고료를 받고 있기 때문이다. 모티베이트가 운영하고 있는 자전거 공유 서비스로는 뉴욕시의 시티 바이크 외에도 샌프란시스코의 포드 고바이크, 시카고의 다비, 보스턴의 블루 바이크, 워싱턴의 캐피털 바이크쉐어 등이 있다.

우버가 인수한 점프와의 가장 큰 차이는 점프의 경우 사용 완료 후 아무 곳에나 자전거를 반납해도 되는 도크리스 방식인 반면, 모티베이트의 서비스들은 지정된 보관소에 반납하는 전통적인 방법을 취하고 있다는 점이다. 이는 사용자 입장에서는 불편한 점일 수 있으나 규제 당국의 제재를 피하기에는 더 유리한 방법이라 할 수 있다. 실제 모티베이트가 시티 바이크 서비스를 제공하고 있는 뉴욕은 도크리스 방식의 모빌리티 서비스를 규제로 금지하고 있다.

모티베이트는 지자체들과의 독점계약을 통해 서비스를 제공하는 것이 특징으로, 2018년 11월에는 5년간 시티 바이크 프로그램에 1억 달러를 투자해 현재 운영 중인 1만 2000대의 자전거 수를 4만 대까지 확대하는 것을 조건으로 뉴욕 시에서의 독점 운영권을 5년간 연장하는 데 성공했다.

대중교통 통합과 관련해서는 2018년 9월 산타모니카 지역에서 교통 정보 플랫폼 트라피와 제휴해 리프트 앱 내에서 빅 블루버스, LA 메트로, 메트로링크 등 대중교통 수단의 루트 정보와 스케쥴을 확인할 수 있도록 하는 '니어바이 트랜싯' 기능을 론칭했다. 이후 2019년 내로 뉴욕 지역의 모든 사용자들이 앱 내에서 뉴욕시의 지하철 및 버스 정보와 롱아일랜드 철도, 메트로 노스, 뉴저지 트랜싯 등의 기차 정보, 시티 바이크 보관소 정보를 확인할 수 있도록 앱을 업데이트할 계획이라고 발표했다. 단, 우버와는 달리 리프트는 아직 앱 내에서 이들 대중교통 수단 티켓을 구매할 수 있는 기능은 제공하고 있지 않다.

6. 구글 맵스 중심의 MaaS 생태계 구축

구글 맵스는 2005년부터 제공된 세계 최대의 지도 서비스다. 구글은 제3자의 지도 앱에서 구글 맵스를 통합 활용할 수 있도록 하는 기능을 제공하고 있다. 이를 통해 수많은 제3의 서비스에 구글 맵스가 통합 활용되면서 영향력이 더욱 커지고 있다. 구글 맵스의 월 이용자는 10억 명 이상이며, 500만 개 이상의 기업들이 구글 맵스를 기반으로 사업을 진행하고 있다. 지도와 교통 정보, 길 안내 등을 중심으로 시작한 구글 맵스는 특정 지역의 사업자 목록, 자연재해 정보, 과속 탐지, 교통사고 정보, 버스 혼잡도 정보, 충전소 위치, 식당 정보 등 위치와 관련된 다양한 정보들을 제공하기 시작했다. 제공된 정보들을 기반으로 음식 배달과 결제 등의 사업과 연계하거나 구글 어시스턴트와 같은 AI를 접목하며 활용이 확장되고 있다.

모빌리티 분야는 어떤 교통수단을 이용하든지 상관없이 출발과 도착, 그리고 이동 과정에서 위치 변화가 필수적으로 나타난다. 이로 인해 모빌리티는 태생적으로 지도와 밀접하게 관련돼 있다. 구글은 2018년 12월 공유 스쿠터·자전거 사업자인 라임과 제휴해 주변에 이용 가능한 라임의 스쿠터나 자전거가 있으면 구글 맵스가 목적지까지의 소요 시간과 예상 가격 등을 알려주는 서비스를 시작했다. 2019년 3월에는 이를 전 세계 80개 도시로 확대하고, 라임에 제한을 두지 않고, 24개국에서 공유 자전거 관련 정보를 구글 맵스에서 제공하기로 했다.

공유 자전거·스쿠터 업체 입장에서도 세계 최대의 지도 서비스 업체인 구글과 협력하는 것은 인지도와 이용자 기반을 늘리는 데 긍정적인 요인이 될 수 있다. 공유 자전거·스쿠터 업체들은 지속적으로 위치 정보 제공 서비스를 고도화시키면서 서비스 범위를 확대하고 있는 생활 서비스 인프라이자 온·오프라인 연계 서비스인 구글 맵스와 제휴함으로써 이용자 기반을 확대하고 시간과 비용을 줄일 수 있다.

구글은 구글 맵스 기반의 서비스 통합 제공을 MaaS까지 확장시키고 있다. ICT 조사 기업 애틀러스에 따르면 구글은 알파벳 산하 웨이모를 통해 자율주행차 서비스를 추진하고, 사이드워크 랩스를 통해 스마트 시티 사업을 추진하면서 관련 데이터를 활용해 구글 맵스 중심의 MaaS 생태계를 만들어가고 있다고 분석했다. 현재는 위치 확인과 가격 비교, 소요 시간 등의 단순 위치 정보만을 제공하는 협력을 하고 있는 중이지만, 향후에는 이동수단 검색부터 예약과 결제, 리뷰까지 구글 맵스를 통해 모든 모빌리티 서비스를 경험할 수 있을 것으로 예상된다. 즉 구글은 모빌리티 영역에서 구글 맵스를 통해 다양한 서비스들을 통합 유통하는 일종의 '관문'으로서 역할을 강화하면서 미래를 대비해 지도 서비스를 한층 더 업그레이드하고 있다.

PART Ⅱ

4차 산업혁명과 기업들의 도전

비즈니스 도전과 기회

Ⅰ. AI, 글로벌 기업들의 도전[1)]

구글, 아마존, 마이크로소프트, 페이스북, 애플 등 세계적인 ICT 기업들은 미래 성장 동력으로 모두 AI에 집중하고 있다. 지난 20년 동안 AI관련 기업을 가장 많이 인수한 기업은 구글이었다. 구글은 딥마인드를 포함해 2000년부터 2019년 5월까지 AI 관련 기업 19개사를 인수했다. 2위는 애플로 16개사를 인수했고, 뒤를 이어 마이크로소프트가 10개, 아마존, 페이스북, 인텔, 세일즈포스 등이 각각 7개사를 인수했다.

이러한 과정을 통해 구글은 알파고를 세상에 선보였고, 아마존은 알렉사라는 AI과 함께 이를 탑재한 AI 디바이스 '에코'를 출시해 각 가정과 기업에 확산시켰다. 마이크로소프트는 10억 달러를 연구랩인 오픈 AI에 투자해 범용 AI 개발에 박차를 가하고 있다. 국내에서 주력하며 'AI 컴퍼니'로의 전환을 서두르고 있다.

중국 역시 자본력과 방대한 데이터를 무기로 AI 주도권 확보를 위해 맹추격 중이다. 미국의 데이터혁신센터가 발표한 'AI 경쟁 누가 우승하는가? 중국, EU, 아니면 미국?'에 따르면 AI 개발·연구에 있어 현재는 미국이 앞서 있지만 그 뒤를 중국과 유럽이 추격하고 있다고 설명했다. 2017년과 2018년에 벤처캐피털 및 사모펀드가 AI 관련 신생기업에 투자한 금액을 보면 미국이 169억 달러로 가장

---

1) 2020 빅 체인지 새로운 10년을 지배하는 20가지 ICT 트렌드(KT경제경영연구소) 자료

높았고, 그다음이 중국으로 135억 달러, 유럽은 28억 달러 규모로, AI 개발에 많은 관심이 집중되고 있음을 알 수 있다.

AI의 중요성은 주요 컨설팅 기관들이 발표한 보고서에도 잘 나타나 있다. 가트너는 '2020년 기업들이 주목해야 할 주요 전략 기술 트렌드'를 통해 10가지의 기술로 ① 초자동화, ② 다중 경험, ③ 전문성의 민주화, ④ 인간 증강, ⑤ 투명성 및 추적성, ⑥ 자율권을 가진 엣지, ⑦ 분산형 클라우드, ⑧ 자율 사물, ⑨ 실용적 블록체인, ⑩ 인공지능 보안으로 제시했다.

이 중 블록체인을 제외한 9개 기술이 AI와 직간접적으로 연관이 있을 정도로 AI는 향후 기업 전략 수립에서 중요한 역할을 할 것으로 기대되고 있다. 가트너는 AI를 고도의 프로세스 자동화와 인간지능 증강 기술의 핵심 변혁 기술로 보고 '인간 중심의 스마트 공간' 구현에 있어 핵심적 기능을 수행할 것이라고 전망했다.

글로벌 컨설팅 업체인 맥킨지는 「Applying AI for social Good」이라는 보고서를 통해 AI가 전통적 비즈니스 영역과 상업적 솔루션을 넘어 사회적 문제 해결을 위한 도전에 직면하고 있는 개인과 그룹을 돕는 솔루션으로 확장할 것이라고 전망했다. 맥킨지는 160개의 AI 활용 소셜 임팩트 창출 사례를 분석하여 AI 적용 시 파급효과가 높은 10개의 사회문제 도메인을 선별했는데, 특히 커머셜 섹터 등에서 활발히 활용되는 컴퓨터 비전이나 대화 및 음성 인식, 자연어 이해 기술 등이 사회적 임팩트 창출에도 광범위하게 사용 가능하다고 강조했다. 안면인식 기술을 활용해 실종 아동을 찾거나 이미지 및 비디오 자동 분류 기술로 선정적 내용을 필터링하고, 숲속에서 전기톱 소리 식별로 불법 벌목을 감시 예방하는 것이 대표적인 사례이다.

'초연결 사회'에서 AI는 스피커를 넘어 모든 사물에 탑재되어 고객의 경험을 혁신하고 기업의 사업 프로세스를 프랜스포메이션하며, 국가의 경쟁력을 강화하는 데 기여할 것이다. 소프트뱅크가 인수한 세계 2위 반도체 설계 회사 ARM은 반도체 중에서도 AP (Application Processor), 즉 스마트폰에 들어가는 CPU를 설계한다. 애플이나 안드로이드 스마트폰에 사용되는 AP의 대부분은 ARM의 설계에 기반을 두고 있다. 전 세계적으로 약 30억~40억 대의 스마트폰이 사용되고 있는데, 그 스마트폰의 엔진을 100% 맡고 있는 것이 바로 ARM의 프로세서다. 그리고 이 ARM의 프로세서는 앞으로 스마트폰뿐만이 아니라 스마트 카, 사물인터넷 가전, 게임기 등 모든 기기에 들어가기 시작할 것이다.

ARM이 만든 1조 개의 AI 칩은 전 세계에 확대되고 글로벌 네트워크로 연결된다. 거기서 수집되는 데이터들은 자율적으로 학습 및 분석되고 전 지구적 패러다임 변화를 이끌어낸다. 방대한 데이터에 기반해 AI가 정확하게 예측하고 이를 통제하는 기업만이 미래를 지배할 수 있는 것이다. 이것이 바로 '첫째도, 둘째도, 셋째도 AI'를 강조한 이유이다.

다양한 산업과 연계하여 가치를 창출하는 'AI 생태계' 조성도 중요하다. 1,000억 달러(약 120조 원) 규모의 '비전펀드'는 소프트뱅크를 포함해 아부다비 국부펀드, 애플, 폭스콘 등이 출자했는데, ARM을 비롯해 원웹(위성통신), 우버(차량 공유), 쿠팡(전자상거래), PAYTM(모바일 결제) 등 다양한 분야에 투자되어 AI 기술을 발전시키는 동시에 궁극적으로는 하나의 생태계를 이루도록 연결시킨다.

전자상거래 시장을 예로 보면, 비전펀드로부터 10억 달러를 투자받은 스타트업 플렉스포트는 기업을 대상으로 온라인 화물 운송 예약 서비스를 제공하는데, AI를 활용해 항공에서 해상, 트럭, 철도까지 효율 높은 운송 경로를 찾고, 최적의 수송 과정을 수행한다. 한편 보스턴 다이내믹스나 샤프트가 만드는 보행 로봇은 플립카트, 토코피디아 등의 거대한 물류 창고에서 작업 로봇으로 활용될 수 있다. 이렇게 AI 생태계는 단순한 투자를 넘어 AI를 통한 자동화로 비즈니스를 혁신시키고 투자 기업들 간에서 시너지를 낼 수 있도록 환경을 조성한다.

기업들의 AI 도입도 훨씬 수월해진다. 기존에는 AI 단말을 만들기 위해 복잡한 프로그램 개발이 필요했지만, 앞으로는 클라우드 AI 플랫폼에 접속하기만 하면 음성인식부터 서비스 실행까지 처리해주기 때문에 손쉽게 AI 제품을 만들 수 있게 된다. AI 플랫폼은 음성인식, 음성합성, 자연어 처리 등과 같은 기반기술을 비롯해 생활비서, 추천 음악 등의 서비스도 제공하고 있어 AI 도입을 원하는 기업들은 상황에 맞는 AI 기술과 서비스를 바로 이용할 수 있다.

AI는 점차 하드웨어에서 소프트웨어 플랫폼으로 거듭남에 따라 언제 어디서나 만날 수 있는 공기와도 같은 존재가 되어가고 있다.

이제 모든 기업들은 점차 범용화 되어가고 있는 AI를 어떻게 차별화된 서비스로 고객들에게 제공할 것인지를 고민해야 한다. "AI를 지배하는 자가 미래를 지배한다"는 말처럼 기업들에게 있어 AI는 생존과 성장을 좌우하는 '황금열쇠'인 것이다.

Ⅱ. AI, 글로벌 기업들의 도전사례[2]

1. 구글: 모두를 이롭게 하는 AI 구축

구글의 개발자화의 캐치프레이즈는 2017년 'AI 퍼스트', 2018년에는 '모두를 위한 AI'를 내세웠다. AI는 이제 구글전략 비전의 'One of Them'이 아닌 주인공 자체이다. 그리고 2019년 I/O에서 구글은 '모두를 이롭게 하는 구글 건설하기'를 선언하면서 AI 기술의 혁신성을 보여주기보다는 AI 기술의 방향성, 즉 사람 중심의 AI 기술, 책임감 있는 AI 기술, AI의 사회적 임팩트 등을 강조했다.

구글의 연구개발 조식 10군데 가운데 7군데가 인공지능 관련 연구를 진행한다. 기초연구 분야의 결실은 구슬 내부 효율화, 기존 서비스의 혁신, 신제품 개발 등으로 스필오버된다. 구글은 또한 클라우드 전용 인공지능 칩 'TPU'를 개발하는 등 인공지능을 구글 클라우드 서비스의 경쟁력 강화 무기로 활용한다.

2. 아마존: AI 플라이휠 전략

아마존 인공지능 사업의 전면에는 '에코'단말이 있다. 전 세계적으로 가장 많이 팔린 인공지능 음성 스피커다. 그러나 아마존 인공지능

2) 2020 빅 체인지 새로운 10년을 지배하는 20가지 ICT 트렌드(KT경제경영연구소) 자료

전략의 본체는 아마존의 핵심 사업인 '커머스' 영역의 근저에 존재한다. 아마존은 연례 AI · MR 관련 개발자 컨퍼런스인 're:MARS'에서 로봇과 자율주행을 강조한다. 물류센터에서 일하는 로봇들과 연내 상용화 예정이라는 드론 배송 서비스인 프라임 에어를 떠올려볼 수 있다.

또한 아마존은 내부적으로 'AI 플라이휠' 전략을 강조한다. 한 부서의 인공지능 성과와 다른 부서의 인공지능 성과를 연계해 선순환 구조를 만드는 것이다. 가령 무인매장 아마존 고에 쓰이는 수천 대의 카메라는 사람이 진열대에서 물건을 집는 모습을 인식하는데 특화되어 있는데, 이를 다시 물류센터에 적용해 작업자들이 선반에 올려놓은 물건들은 추적하는 데 사용하는 것이다.

3. 마이크로소프트: AI 퍼스트 전략

마이크로소프트는 전사 전략 방향을 '모바일-클라우드 퍼스트' 전략에서 2017년도 6월의 회계실적 보고 이후부터 AI, 클라우드 중심의 전략으로 변경했다. 마이크로소프트의 AI 사업은 다른 회사들에 비해 개방성과 실용성을 강조한다. 인공지능 기술을 기반으로 다양한 AI 애플리케이션을 구현하고 있지만, 한 축으로는 'AI 플랫폼'을 통해 파트너와의 협업을 강조하고 있다. 마이크로소프트는 AI 플랫폼 상에서 개발자들이 손쉽게 고도의 AI 알고리즘을 활용할 수 있도록 개발 소스를 제공하고 'AI 스쿨', 'AI Lab', 'AI 데모' 등 교육환경과 테스트베드 환경을 제공하고 있다.

4. 중국 바이두: 올인 AI 전략

중국의 인터넷 기업 바이두는 중국의 3대 인터넷 기업 BAT 중에서도 AI에 가장 많이 올인하고 있다. 실제로 바이두는 2017년부터 '올인 AI' 전략을 추진하겠다고 선포했고, 2013년경부터 딥러닝 테스트 랩을 세우는 등 일찌감치 AI의 가치에 주목하고 있었다.

바이두의 인공지능은 크게 두 축으로 활용된다. 첫 번째는 검색 등 기존 사업 영역의 경쟁력을 강화시키는 것이다. 두 번째는 하드웨어 영역으로 샤오두 등 스마트 스피커 영역과 '아폴로'로 불리는 자율주행 플랫폼이 있다. 최근에는 화웨이와의 AI 칩 파트너십을 체결하고, '클라우드+AI 사업' 추진을 천명하는 등 AI를 활용해 단순 소프트웨어 기업에서 한 단계 도약하려는 모습을 보이고 있다.

5. 일본 소프트뱅크: AI군 전략

소프트뱅크는 약 127조 원 규모의 소프트뱅크 비전펀드 2호 설립을 발표했다. 비전 펀드 1호 사업은 2017년 118조 원 규모로 설립되어 출범 2년 동안 실리콘밸리 등지의 AI 혁신 기업에 투자했다. 손정의 회장은 2019년 결산설명회 자리에서 'AI 트래픽'시대의 도래를 강조한다. 기존의 인터넷 트래픽은 지능이 없는 정보 교환 위주의 트래픽이었다. 그러나 AI 시대에는 데이터의 교환을 통해 예측, 추론 등 새로운 지능이 가미되게 된다. 소프트뱅크는 비전 펀드 2호 사업을 통해 이러한 AI 트래픽 또는 '지혜 인터넷'시대를 주도할 수 있는 확장 전략을 구사할 것으로 예상된다.

6. KT: 필요로 하는 모든 것에 AI를

통신 사업자인 KT는 5G 준비와 함께 AI 사업자가 되기 위한 준비를 해왔고, 그 시작이 기가 지니었다. 특히 기가 지니는 단순히 AI 단말로서 역할하기보다는 비즈니스로의 가능성을 확장시키기 위해 다른 ICT 사업자와는 달리 IPTV 셋톱으로 시장에 론칭했다. 그리고 이제는 홈뿐만 아니라 호텔, 자동차, 고객센터 등 AI 지니를 필요로 하는 모든 곳에 탑재하고 있고, 향후에는 서드파티 파트너사들이 KT의 AI 지니를 활용해 더 큰 밸류를 만들 수 있도록 산업계를 위한 더 큰 플랫폼 생태계를 만들어나갈 계획이다.

KT의 AI 기술은 현재 음성인식이나 컴퓨터 비전 같은 자연적 상호작용 기술 개발에 집중하면서 궁극적으로는 지능 혁신이라는 AI 본래의 원천기술 개발을 강화해 다양한 산업계의 빅데이터를 연결시켜 분석·판단, 예측·추론 등 더 큰 지능을 창출하는 임파워링 싱킹 기술 개발에 주력해나갈 계획이다. 스스로 네트워크 장애 원인을 학습 및 분석해 상황을 예측하고 실시간으로 조치하는 AI 솔루션 닥터 로렌(유선망)과 닥터 와이스(무선망) 등과 같이 KT는 내부 효율성을 위해 개발된 AI 서비스를 향후 타 산업이나 기업 고객 등 필요로 하는 곳에 제공해 생산성 향상시키는 식으로 생태계를 만들어나갈 방침이다. 이것은 구글이 내세우고 있는 '모두를 이롭게 하는 구글 건설하기'에서의 AI 역할과 일맥상통한다고 볼 수 있다.

PART Ⅲ

4차 산업혁명과 삶의 방식의 변화

Ⅰ. 공유경제의 시대

1. 공유경제 – 라이프 스타일을 바꾸다

지금 전 세계는 저성장 기조가 이어지고 있다. 또한 자주 쓰지 않는 제품과 서비스 등을 다른 사람에게 빌려주어 이득을 취하는 것이 합리적이라는 인식이 퍼졌다. 즉 공유경제(sharing economy)에 대한 관심이 커지고 있다. 스마트폰과 SNS가 발전함에 따라 서로에게 필요한 것을 공유하기도 쉬워졌다. 사람들은 차량을 구매하지 않고 빌려 타고, 하나의 주택에 여러 사람들이 모여 사는 셰어하우스(sharehouse)도 등장했다.

세계적인 미래학자인 제레미 리프킨(Jeremy Rifkin)은 "앞으로는 통신-에너지-운송이 모두 인터넷으로 연결되면서 에너지 활용이나 경제활동을 좀 더 효율적으로 하게 될 것이다. 2030년이면 농작물 재배, 제품 생산, 자동차 운행 모니터링 등이 모두 연결되면서 인류 전체가 연결되는 세상이 올 것"이라고 말했다. 그러면서 그는 "이러한 세상은 공유경제로 인해 더욱 확산될 것이다. 공유경제는 자본주의의 한계를 극복할 돌파구이다. 이런 경제 형태는 한 단위의 상품 및 서비스를 생산하는 데 추가로 드는 비용, 즉 한계비용이 거의 '0'에 가까워 효율성과 생산성이 혁신적으로 높아진다"고 말했다.

공유경제의 개념은 2008년 하버드대학교(Harvard University)의 로렌스 레식(Lawrence Lessig) 교수가 처음 정의했다. 공유경제란 자신이 소유한 물품이나 자원을 다른 사람과 나눠 쓰는 소비 형태를 일컫는다. 즉, 물품이나 서비스를 소유하지 않고 다른 사람들과 공유해 나눠 쓰는 것을 뜻한다. 이러한 소비 형태는 제품이나 서비스 등의 자원을 제공하는 사람과 제공받는 사람 모두에게 이익이다. 또 제품이나 서비스를 대량으로 생산하고 과잉 소비하면 국가적으로 낭비인데, 이러한 문제는 물론 환경오염까지 줄일 수 있다. 공유경제는 지금처럼 저성장 기조가 이어지는 상황에서 더더욱 확산될 전망이다. 공유경제는 에어비앤비(AirBnB)와 우버(Uber) 등이 성공적으로 성장하면서 널리 알려지게 되었는데, 2015년 전 세계 공유경제 시장 규모는 150억 달러를 넘어섰다.

에어비앤비(AirBnB)는 호텔 등의 숙박업소가 아닌 일반주택을 다른 사람에게 대여해 줄 수 있도록 연결시켜주는 서비스를 제공하고 있다. 이에 따라 공급자는 자신의 집을 사용하지 않는 기간 동안 금전적인 이익을 얻을 수 있고, 이용자는 기존 숙박업소와는 다른 가정적인 분위기의 숙소에 머무를 수 있다. 또 일반주택이니만큼 세탁기와 주방시설 등을 이용할 수 있는 것도 장점이다.

에어비앤비는 2008년부터 사업을 시작한 후 현재 200여 국가에 진출해 있는데, 현재까지 에어비앤비를 이용한 사람은 6천만 명 이상이다. 에어비앤비의 기업가치는 무려 300억 달러 이상으로, 세계 최대의 숙박서비스업체로 자리 잡았다.

▶▶ [그림 13] 에어비앤비를 이용한 숙소 공유 ◀◀

우버(Uber)는 스마트폰 앱으로 택시가 아닌 일반차량을 중개하는 서비스를 제공하고 있다. 미국 샌프란시스코에서 2010년 6월 처음 서비스를 시작한 지 5년여 만에 전 세계 300여 도시에서 서비스 중이다. 이 회사의 기업가치는 이미 제너럴모터스(GM)을 뛰어넘어 500억 달러로 평가받고 있다.

공유경제는 이밖에도 다양한 분야로 확산되고 있다. 왜냐하면 공유경제에 대한 선호도가 갈수록 높아지고 있으며, 공유경제의 영역도 다양해지고 있기 때문이다.

최근 닐슨(Nielsen)은 전 세계 60개국의 소비자 3만 명 이상을 대상으로 공유경제에 대한 인식을 조사했다. 그 결과, 68%의 소비자들이 "자신의 물건을 경제적 이득을 위해 공유할 의향이 있다고 답했다. 그리고 지역별로는 아시아, 태평양 지역 소비자들의 공유경제 참여의향이 81%로 가장 높게 나타났다. 그다음으로 남미지역(73%), 중동, 아프리카 지역(71%), 유럽 지역(44%), 북미 지역(43%) 순으로 나타났다. 참고로 한국 소비자의 공유경제 참여 의향은 49%로 나타났다.

관련조사에서 "무엇을 공유할 것인가"라는 질문에 소비자들의 28%가 "전자제품을 대여료를 받고 공유하겠다"고 답했으며, 그다음으로 26%의 소비자들이 "자신의 지적 능력을 활용한 교육 서비스를 제공하겠다"고 답했다. 이외에도 자동공구(23%), 자전거(22%), 의류(22%), 생활용품(22%), 스포츠용품(22%), 자동차(21%), 캠핑용품(18%), 가구(17%), 집(15%), 오토바이(13%) 등을 공유하겠다고 답했다.

2. 공유의 명암

하지만 공유경제는 서비스 제공자와 이용자 사이에 신뢰가 없으면 문제가 생길 수 있다. 자신의 소유물을 누군가와 공유하려면 신뢰를 기반으로 해야 하는데, 그러한 신뢰가 깨질 수도 있다. 예를 들어, 방 하나를 빌려주었는데 이용자가 가정용품을 파손할 경우 배상금을 놓고 분쟁이 발생할 수 있다. 또 공유경제는 일부 투기꾼들의 이용수단으로 변질될 수도 있다. 에어비앤비를 통해 높은 임대료 수익을 올리기 위해 여러 집을 동시에 운영하는 이들이 있고, 우버에서는 여러 대의 렌터카를 빌려 사업체처럼 운영하는 이들도 있다. 이외에도 공유경제의 부작용은 많다.

공유경제가 보편화되면 제조업의 일자리가 상당수 사라지고, 운송업 및 서비스업의 정규직 중 상당수가 일용직으로 대체될 것이다.

우버는 기존 택시기사들의 일자리를 상당수 빼앗았다. 태국, 인도, 네덜란드 등에서는 택시기사와 시민단체의 반발로 우버는 영업을 금지했다. 또 우버 택시를 이용한 승객에게 택시비를 떼이는 일 등도 발생하고 있다.

에어비앤비 숙소를 이용했다가 몰래카메라에 찍힌 경우도 있다. 미국과 일본, 독일 등에서는 이용자가 숙소에 숨겨져 있던 몰래카메라에 알몸이 찍힌 사건이 발생하기도 했다.

공유경제가 활성화되면 자동차 제조업체 등 여러 제조업체의 매출이 급감할 것이고, 숙박업과 운수업을 비롯해 기존 서비스산업을 침체 시킬 것이다.

공유경제는 각 나라의 규제 및 법규에 따라 성패가 갈릴 것이다. 차량 공유 서비스의 경우 미국과 프랑스, 영국과 일본, 홍콩, 싱가포르, 인도, 필리핀 등에서는 허용되는 반면 독일과 네덜란드, 벨기에, 한국 등에서는 허용되지 않고 있다. 예를 들어 한국에서는 개인 간에 자동차를 공유할 수 없고, 기업과 소비자 사이에만 자동차 임대가 허용되고 있다. 그래서 한국 정부는 우버의 서비스를 불법으로 간주하고 있어서, 우버는 한국 진출에 어려움을 겪고 있다.

그럼에도 불구하고 공유경제는 긍정적인 점도 많다. 공유경제는 개인들이 소유한 자산뿐만 아니라 경험과 지식 등도 공유한다. 지금

같은 저성장 기조에서 공유경제는 IT와 SNS를 기반으로 누구나 참여할 수 있으므로 새로운 일자리와 창업 기회를 제공할 수 있다. 기업들은 물품 등을 구매하는 데 비용 부담을 느껴왔던 소비자들까지 고객으로 삼을 수 있으므로 유익하다.

Ⅱ. 교육의 변화

1. 교육의 변화

교육은 인간이 삶을 영위하는 데 필요한 모든 행위를 가르치고 배우는 과정이며 수단이다. 교육은 바람직한 인간을 형성해 개인생활, 가정생활, 사회생활에서 보다 행복하고 가치 있는 삶을 추구 하도록 하는 것이다. 이러한 교육은 부모와 자식 사이, 교사와 제자 사이, 선배와 후배 사이 등의 관계에서 이루어진다.

그런데 오늘날의 교육은 직업을 위해 존재하는 경향이 크다. 교육은 고소득과 안정성을 보장받는 직장생활을 하기 위한 수단이 되었다. 좋은 직장에서 일하기 위해 명문대학에 입학하려는 학생들이 늘고 있다.

하지만 오늘날에는 대학을 졸업하고도 취업하지 못하는 사람들이 많다. 그럼에도 불구하고 미국을 비롯한 중국과 일본, 한국 등의 국가들에서는 대학에 반드시 가야 한다는 생각으로 인해 여러 가지 문제들이 야기되고 있다. 진화하는 글로벌 경제에서는 다양성과 창의성이 중요해지고 있지만 학교와 학부모는 학생에게 유망직종과 관련된 대학 학과에 들어가라고 강요한다. 학생 개개인의 개성과 자질을 무시한 채 획일적인 입시 교육을 강요하고 있다.

하지만 앞으로는 인문학적인 소양을 갖춘 '통섭형 인재'가 주목받을 것이다. 통섭형 인재는 이것저것 조금씩 잘하는 팔방미인이 아니라, 자기가 잘하는 한 가지는 있되 다른 전문 분야에도 충분한 소양을 갖춰 다른 분야 사람들과 어깨를 나란히 할 수 있는 인재이다. 전문성을 갖추면서도 다양한 지식을 두루 겸비한 통섭형 인재가 되기 위해서는 필연적으로 인문학적 소양을 갖춰야 한다. 빅데이터(big data) 시대에 여러 정보를 취합해 올바른 의견을 도출하려면 필연적으로 인간과 역사, 문화, 사회 등을 이해하는 인문학적 소양을 갖추어야 하기 때문이다. 이러한 인재를 글로벌 기업들이 선호하고 있다.

2. 교육환경의 변화

교육이 학교 안에서 이루어지는 시대는 지났다. 따라서 굳이 학교에 큰 건물을 지어 학생을 불러 교육시킬 필요가 없어졌다. 한 선생님이 훨씬 더 많은 학생들을 상대할 수 있게 됨으로써 교육비의 대폭적인 절감도 가능해졌다. 결국 머지않은 미래에 통합을 통한 비용 절감으로 교육 자체가 무료 또는 아주 저렴하게 이루어질 것이다. 가령 우리가 마음만 먹으면 현재도 미국 유수의 대학에서 학비를 부담하지 않고 얼마든지 교육을 받을 수 있다. 이미 MIT에서는 100여 개 대학과 컨소시엄을 구성해 무료 통합 강좌를 실시하고 있고, 유네스코의 가상 현실 통합대학에도 100여 개 대학이 참여하고 있다. 또한 세컨드라이프닷컴(secondlife.com)에 하버드나 프린스턴 등이 학점이수 강좌를 개설했으며, 위키피디아의 사이버 대학 위키버시티(Wikiversity)도 무료 포털 강좌를 오픈 했다.

이와 같은 추세가 계속되면 결국 대부분의 사이버 교육이 무료로 이루어지는 것은 물론이고 대학 자체의 통합이 진행될 수밖에 없다. 극단적으로 어떤 분야에서 능력이 뛰어난 한 교수가 단독으로 전 세계의 모든 학생들을 가르칠 수도 있다. 그 결과 교육의 시장독점이 가능해진다. 즉 소수의 유능한 개인 또는 학교가 전 세계의 교육 시장을 독점하는 것이 가능하기 때문에 이와 관련된 엄청난 비즈니스 기회를 예상할 수 있다.

▸▸ [그림 14] 사이버 교육의 확산 ◂◂

사이버 교육이 보편화됨에 따라 교사의 역할도 달라질 것이다. 학교에서 교사를 만나 머릿속에 있는 지식을 교사의 입을 통해 직접 전달받는 번거로운 과정을 거치지 않더라도 인터넷에 접속만 하면 언제든지 손쉽게 지식을 얻을 수 있기 때문이다. 즉, 교사의 역할이 '가르치는 것'에서 '지도하는 것'으로 바뀐다. 그래서 앞으로 선생님은 교사가 아니라 가이드(Guide), 멘토(Mentor), 도움을 주는 사람(Helper 또는 Facilitator) 등으로 불릴 것이다.

테크놀로지의 발전과 함께 지식에 대한 근본 개념이 변하면서 앞으로 교사, 학생, 학제, 학교 등 교육제도 전반에 걸쳐 많은 변화가 불가피하다. 경우에 따라서는 관련 지식을 충분히 갖춘 인공지능 로봇이나 아바타(e-teacher)가 스승의 역할을 대신하는 시대가 올 것이다. 또한 교대나 사대를 나오지 않더라도 각 분야의 전문가들이 누구나 교사의 역할을 할 수도 있다.

3. 대학교육: 어떻게 바뀔 것인가?

사회의 패러다임이 바뀌는 후기정보화 시대에는 20세기까지의 교육 형태가 완전히 탈바꿈한다. 물리적인 학교 캠퍼스가 사라지고 다양한 장소에서 다양한 주기로 공부를 한다. 학생들이 원하는 시기, 24시간 중 원하는 시간대, 원하는 곳에서 공부를 한다. 배우는 속도가 빠른 학생은 수개월 만에 졸업할 수도 있고, 직장을 다니다가 학교로 돌아오는 학생들은 수년 만에 졸업할 수도 있는 유연성이 일반화한다.

청소년들은 사이버를 통해 지식과 정보에 항상 접속할 수 있기 때문에 특별히 공부할 필요가 없다. 교사의 역할도 지금처럼 가르치는 역할에서 지도의 역할로 바뀐다. 창의성, 상상력, 특히 평화적인 갈등 해소 방안 도출법, 문화나 예술, 체육에 자신을 헌신하는 방법만 배운다. 나머지 지식은 접속만 하면 쉽게 얻을 수 있기 때문이다.

현재도 점점 그렇게 되어가고 있지만 교육은 대부분 평생 교육이 되며, 교육을 받는 수요자 중심으로 바뀌어 어떻게 효과적으로 내용을 전달할 수 있을지가 중요해진다. 이러한 관점에서 과목이나 교재는 게임을 통해 교육할 것이라는 것이 모든 미래학자의 공통된 의견이다.

대학의 형태도 드림소사이어티의 사회에 맞추어 변형할 것이다.

"사이버 대학들이 주로 이루며, 스타 강사들이 미디어를 통해 수업을 한다. 그러나 소수의 지구촌 몇몇 명문 대학은 여전히 남아서 지도자 양성과 지식 생산의 중추 역할을 한다."

〈변화 속의 대학〉이란 책에서 피터 매니카스는 "스텐포드 대학에 위치한 국립 고등교육 증진센터에서 제안한 미래의 대학의 새로운 분류를 심사숙고해야 한다. ① 명문 대학, ② 대량 교육 공급자, ③ 편의점 유형의 대학이 그것"이라고 했다.

첫째, 가장 많은 숫자의 '편의점 대학'들은 첨단 기술 발달을 적용하며 시장의 수요에 맞춘 방식이다. 사용자 중심이고 상업적으로 운영되며, 식상을 구하려는 학생들을 대상으로 교육한다.

둘째, 체스터핀에 따르면 몇몇 세계 명문 대학만 살아남아 브랜드네임을 바탕으로 선별적으로 우수한 학생들만을 받고, 높은 위상을 차지하게 된다. 전통적인 개념의 학문적 활동을 지속적으로 수행할 것이다. 미국 하버드, 프린스턴, 예일 등과 같은 아이비리그 대학들이 사례가 될 것이다.

셋째, 많은 주립대학들은 명문대로서 살아남기 위해 안간힘을 쏟지만 실패하고, 대량 교육 공급자로 남는다. 대량 교육 공급자들은 최대한 주의 시민 교육에 최고가 되고자 노력한다.

▶▶ [그림 15] 대학 교육의 변화 ◀◀

Ⅲ. 4차산업혁명과 위기의 직업

1. 100세 시대와 직업의 변화

첨단 의학기술의 발달로 인간의 평균수명이 길어지고 정보통신 기술이 널리 보급됨에 따라 사회 현상들이 너무 빨리 변하고 있다. 과거와 달리 같은 지식을 가지고 한 직장에서 평생을 근무하는 것은 불가능하다. 우리는 평생에 걸쳐 무언가를 배우며 자기 자신을 훈련시키고 새로운 직종과 그에 대한 지식을 습득해서 새롭게 생겨나는 일자리를 찾고 빠르게 적용해야 한다. 한 마디로 필요에 의한 '평생교육시대'가 도래한 것이다.

과거에는 평생직업, 평생직장의 개념이 미덕이었다. 어느 직장에 들어가면 정년퇴직할 때까지 같은 곳에서 평생을 일했다. 하지만 최근에는 직종은 그대로 유지하더라도 직장은 계속해서 바뀌는 쪽으로 직업 관련 트렌드가 변하고 있다. 더구나 앞으로는 직장뿐만 아니라 직업 자체를 여러 차례 바꿔가며 일을 해야 할 판이다. 인생을 2모작, 3모작 하는 시대로 접어들고 있는 것이다. 지금도 미국인은 은퇴할 때 평균 7-8개의 직장을 거친다고 한다. 호주에서는 앞으로 10-15년 후에는 한 사람이 30-40개의 직장을 다닐 것이라고까지 얘기한다. 다양한 직장을 가지는 것은 물론이고 직업도 더 이상 하나만 고집하기 힘든 시대가 오고 있다.

2. 노동의 종말

미국의 사회사상가인 제레미 리프킨은 그의 저서 「노동의 종말」에서 산업혁명 이후 사람이 기계한테 일자리를 빼앗겨 왔으며, 특히 최근에 와서는 컴퓨터의 성능이 급속도로 발달하면서 사람들의 일자리가 급감하고 있다고 주장했다. 즉 첨단 정보기술 사회에 들어서서면서 힘든 일들을 기계가 도맡아 처리함으로써 인간을 노동으로부터 해방시켜 삶의 질을 향상시킨 측면도 있지만, 궁극적으로는 인간으로부터 일자리를 빼앗아가기 때문에 결국 기술의 발달이 인간에게 긍정적인 영향만 끼치는 것은 아니라는 것이다.

비록 이런 첨단 정보기술에 의해 경제가 발전하는 것은 좋지만 문제는 경제성장 또는 회복과 관계없이 실업률이 증가한다는 것이다. 인력이 필요 없어지는 것이 기술 발전의 큰 딜레마다. 결국 「노동의 종말」은 날카로운 통찰력으로 우리가 맞이할 미래사회의 당면 과제를 잘 지적했다.

아래는 앞으로 10-30년 이내로 급격히 소멸할 가능성이 많은 직업군들이다.

10-20년 이내 급격히 감소할 가능성이 높은 후보 직업군

보험설계사, 자동차 판매원, 부동산 중개인, 은행 출납원(텔러), 경리 및 회계 사무원, 펀드매니저, 여행 가이드, 사무보조원, 대형 공장 생산직 노동자, 설문조사원, 텔레마케터, 유통매장 계산원, 영사기사, 매표원, 검표원, (입시)학원 강사 등

20-30년 이내 급격히 감소할 가능성이 높은 직업군

단순 운전원, 주차 관리원, 치과 기공사, 맹수 사육사, 교통경찰, 작물재배 종사자, 사서, 가정의학 전문의, 제빵사, 민간 보안요원, 회계사, 세무사, 약사(조제 전문), 비서, 우편 창구 사무원, 방문 안내원(데스크 안내원), 호텔리어, 측량기술자, 스포츠 심판 등

3. 미래유망직업을 찾아서

구글(Google)이 선정한 세계 최고의 미래학자인 토머스 프레이(Thomas Frey)는 "인류는 지금까지 모든 인류역사보다 앞으로 다가오는 20년간 더 많은 변화를 보게 될 것이다"라고 말하며, 미래직업에 큰 변화가 일 것으로 예측하고 있다.

토머스 프레이는 "2030년까지 인간의 일자리 40억 개 중 20억 개가 사라질 것"이라 했고, 세계적인 컨설팅기관인 맥칸지(McKinsey)는 "대부분의 일자리는 인터넷 때문에 사라질 것이다. 대신에 수많은 새로운 일자리가 탄생할 것"이라고 하면서, "기존의 일자리는 사라지지만 새로운 기술과 산업에 의한 일자리는 지속적으로 탄생할 것"이라고 예고했다. 앞으로 10년 후까지 인공지능, 로봇, 3D프린팅, 자율주행차 등 신기술로 인해 사회, 경제, 산업에 큰 파장이 일며 수많은 일자리가 소멸하고 새로운 일자리가 탄생할 것이다.

▸▸ [그림 16] 미래의 유망직업 ◂◂

토머스 프레이는 "미래 혁신적인 기술의 발전으로 파괴적 기술이 등장해 현재 직업을 소멸시킬 것"이라고 말하며, 2030년까지 소멸되는 대표적인 직업 100개를 발표했다. 새롭게 등장하는 파괴적 기술은 자율주행차, 아마존(Amazon)과 알리바바(Alibaba) 등이 물류운송에 적용할 드론, 제조업 혁명을 불러올 3D프린터, 이미 글로벌 기업들이 사용중인 빅데이터와 인공지능 등이다.

스위스 다보스에서 열린 제46차 세계경제포럼(World Economic Forum WEF)에서 발표한 '일자리의 미래(The Future of Jobs)'보고서는 "올해 초등학교에 입학하는 어린이들의 약 65%는 현존하지 않는 새로운 직업을 얻어 일하게 될 것'이며, 이러한 변화의 원인은 '4차 산업혁명'이라고 지적했다.

4차 산업혁명으로 인해 2020년까지 총 710만 개의 일자리가 사라지고 200만 개 일자리가 창출되어, 결과적으로 510만 개의 일자리가 사라질 것이다. 사라지는 710만 개의 일자리 대부분은 사무직 및 관리직인데, 특히 현재 고소득 전문직부터 사라지게 될 것이다. 의사, 회계사, 세무사, 애널리스트 등은 현재 고소득 전문직으로 통하는 직업들이다. 이들 직종이 가장 먼저 사라지게 되어, 최악의 경우 중산층이 붕괴될 수도 있을 것이다.

한편, '일자리의 미래' 보고서는 2020년에 부상할 직업으로 데이터분석가, 컴퓨터 및 수학 관련 직업, 건축 및 엔지니어링 관련 직업 등 8개 직업군을 소개했다. 산업별로 보면, 정보통신기술(ICT), 전문서비스(PS) 등의 분야에서 상대적으로 고용률이 높을 것으로 전망되고, 보건 분야는 원격의료 서비스 등의 영향으로 상대적으로 고용률이 낮을 것으로 전망되었다.

4. 이제는 "라이프 디자인!"

각자가 가진 능력과 특성을 파악하여 사회가 요구하는 맞춤형 인재로 성장하는 토대를 마련해주는 전문기관도 있다. 미래 전문가이기도 한 테드 칸(Ted M. Khan) 디자인 월드(Design World)사 대표는 사람들에게 '라이프 디자인(Life Design)' 서비스를 제공한다. 예를 들면 특정 학생의 적성을 테스트하고, 타고난 자질을 찾아내어 장단점을 개발 및 보완함으로써 그 학생에게 맞는 전공과 직업을 찾아주는 것이다. 이렇게 여러 가지 과정을 거쳐 디자인된 학생의 삶을 따라

가면 분명 본인이 타고난 자질을 십분 발휘해서 잘 활용할 수 있는 방향으로 맞춤형 개별화 교육을 받을 것이다. 이런 교육을 받은 사람이 그렇지 않은 사람들에 비해 자기 분야에서 남보다 뛰어난 능력을 갖춘 인재로 성장하리라는 것은 자명한 사실이다. 각자의 개성에 맞는 교육과 더불어 앞으로 세계시민으로서의 자질을 갖춘 인성교육이나 리더십 교육을 가미한다면 그야말로 미래사회가 요구하는 창의적 인재를 양성해 내는 데 크게 기여할 것이다.

▌혁신기술로 탄생하는 미래직업

미래혁신기술	미래직업	미래혁신기술	미래직업
소프트웨어 및 데이터	데이터 폐기물 관리자	드론	드론 조정인증 전문가
	데이터 인터페이스 전문가		드론 분류 전문가
	컴퓨터 개성 디자이너		드론 표준 전문가
	데이터 인질 전문가		드론 설계 및 엔지니어
	개인정보보호 관리자		환경오염 최소화 전문가
	데이터 모델러		악영향 최소화 전문가
3D프린터	3D프린터 소재 전문가		자동화 엔지니어
	3D프린터 잉크 개발자	무인자동차	무인시승 체험 디자이너
	3D프린터 패션디자이너		무인운영 시스템 엔지니어
	3D 음식프린터 요리사		교통수요 전문가
	3D 비주얼 상상가		무인자동차 사고 전문 변호사
	3D프린터 비용산정가		응급상황 처리요원
	3D프린터 신체장기 에이전트		자동 교통 건축가 및 엔지니어
			충격 최소화 전문가

유엔미래보고서가 선정한 미래직업 54가지

분야	미래직업	활용 및 용도	진출분야
IT 및 로봇 분야	증강현실 전문가	현실세계에 정보나 가상물체를 합성해 새로운 편의 제공	기업, 연구소
	인공지능 전문가	스스로 생각하고 이해하며 행동하는 능력을 컴퓨터 프로그램으로 실현	기업, 연구소
	홀로그래피 전문가	인간의 신체나 기계의 정밀 진단, 의료, 건축, 오락, 영상장치 설계	의료기업
	양자컴퓨터 전문가	원자 이하의 입자 움직임에 기반을 두고 계산수행	기업, 연구소
	무인자동차 엔지니어	정확한 위치파악과 차량제어 기술	기업, 연구소
	로봇기술자	인공지능, 산업, 의료, 실생활에 필요한 로봇 개발 및 수리, 콘텐츠 전문가	기업, 연구소
	정보보호 전문가	신·변종 해킹 탐지 기술 개발과 해킹 보호 기술 개발	정부, 군, 경찰, 기업
	군사로봇 전문가	군사용 목적에 맞는 로봇을 기획, 설계	군수기업, 연구소, 군
금융 및 기업 분야	브레인 퀀트	금융, 주식 분석 및 관련 상품 설계	증권사, 투자사
	대안 화폐 전문가	현재 화폐 대신 개인, 기업, 지방정부가 만들어 사용하는 화폐	금융기관
	매너 컨설턴트	비즈니스 매너를 분석 및 개선하고 교육하는 프로그램 운영	기업, 프리랜서
	금융기술 전문가	금융상품 및 산업동향을 수집 및 분석해 재무분석과 기업분석	기업
	오피스 프로듀서	사무실 임대 예약 및 사무공간과 설비 제공	기업
	인재관리자	프로젝트마다 필요한 인재를 적재적소에 공급	기업
	개인 브랜드 매니저	개인 브랜드를 노출시켜 개인의 홍보를 대행하는 전문가	기업, 프리랜서
	글로벌 자원관리자	각종 자원과 인력, 에너지, 국제고객 수요 등 세계 전략을 구상	정부, 기업
	최고경험 관리자(CXO)	품질에 대한 고객경험에 책임과 의무를 다하는 고위 경영자	정부, 기업
	창업투자 전문가	창업시장에 창업초기자본을 연결 및 공급하는 중간 역할	기업, 투자사
	인도 전문가	2025년에 세계 4대 강국이 될 인도 시장 전문가	정부, 기업

분야	미래직업	활용 및 용도	진출분야
의료 복지 분야	복제 전문가	멸종 동물 복원, 동물형질 전환기술 연구	기업, 연구소
	생체로봇 외과의사	혈관 내에서 치료 가능한 나노봇을 이용해 수술	병원, 대학
	장기취급 전문가	기증자와 이식자를 연결하고, 인공장기 정보를 제공	병원 등
	유전자 상담사	유전자 정보와 지식을 갖고 심리상담 및 관리	병원 등
	치매 치료사	치매환자 및 가족에게 치매상황과 문제해결 자료제공	병원 등
	임종 설계사	인간의 죽음을 맞이하고 준비하게 해주는 도우미	병원 등
	두뇌 시뮬레이션 전문가	인간 두뇌의 생리 과정과 기능을 시뮬레이션 구축	연구소 등
환경 및 에너지 분야	날씨 조절 관리자	인공강우 기술을 실용화, 환경문제 부작용 최소화 방안 제시	기상청 등
	우주 관리인	우주공간의 우주 쓰레기를 지구 대기권으로 보내는 전문가	연구소 등
	에너지 수확 전문가	운동에너지를 모아서 전기에너지로 바꾸는 기술 전문가	연구소 등
	4세대 핵발전 전문가	2030년 이후 안정성, 신뢰성, 경제성, 비확산성을 가진 혁신적인 원자력시스템	연구소 등
	종복원 전문가	멸종위기에 처한 야생 동식물 서식지를 보호하고 관리	정부연구소
	극초음속비행기 기술자	차세대 극초음속 스크램제트 엔진 기술 개발	연구소 등
	환경병 컨설턴트	환경병에 대한 연구 및 오염원을 사전에 예방하는 방안 마련	연구소, 기업
	탄소배출 점검 전문가	온실가스 배출량을 표준 지침에 따라 국가별, 산업별로 산출	기업, 연구소
	미세조류 전문가	대체에너지인 바이오 연료로 미세조류를 활용하는 기술	연구소, 기업
	수소연료전지 전문가	대기오염이 거의 없는 차세대 에너지인 연료전지 개발	연구소, 대학

분야	미래직업	활용 및 용도	진출분야
문화 예술 분야	나노섬유 의류 전문가	나노기술을 나노섬유에 이용해 의류 등 제조	기업, 연구소
	미래 예술가	초연결사회에서 연결망을 이용해 집단예술과 3D, 4D 신기술 이용	기업, 프리랜서
	디지털 고고학자	우주과학을 활용해 발굴작업 없이 고고학연구	연구소, 대학
	캐릭터 MD	상징적으로 표현하는 캐릭터를 조사 및 제작, 판매	기업
	내로 캐스터	한정된 지역이나 시청자들을 위한 전문화 방송을 기획 및 제작	방송사, 광고기업
	특수효과 전문가	영화 등에 사용되는 특수효과를 위해 모형, 애니메이션 등을 제작	영화사, 디자인 기업
생활 및 여가 분야	미래 가이드	미래기술을 예측해 미래사회 변화, 미래직업 등을 안내	정부, 기업, 단체
	건강관리 전문가	새로운 의학정보를 알려주고 환자 개개인에게 맞는 적절한 치료 프로그램을 제공	정부, 사회복지단체
	배양육 전문가	지구온난화의 주범인 현재의 축산업을 대체해 실험실에서 육류를 생산	연구소, 식품기업
	결혼 및 동거강화 전문가	결혼을 원하는 사람들을 소개시켜주고 갈등, 고민을 상담	프리랜서
	아바타 관계 관리자	초연결사회인 사이버세계에서 자신을 나타내는 아바타를 관리	자영업
	식료품 구매대행	개인의 특성에 맞는 메뉴와 다이어트 계획까지 세워 식료품을 대신 구매하거나 배달	프리랜서, 기업
	단순화 컨설턴트	회사의 시스템, 절차 등을 단순화해 운영 및 기획	기업, 연구소
	우주여행 가이드	우주관광을 상담하고 훈련, 우주선 조종, 우주탐사	기업, 연구소
	익스트림 스포츠 가이드	각종 극한 스포츠를 일반인들에게 교육 및 안내하는 역할	레저기업
	세계윤리 관리자	미래사회에 일어날 여러 충돌을 미리 조정하고 지구인들에게 건강한 미래를 만들도록 올바른 조언자 역할	대학, 국제기구

PART Ⅳ

라이프 스타일의 변화와 비즈니스 기회

싱글 이코노미(Single Economy)의 시대

1. 혼밥족+혼술족 = 싱글경제의 출현

현재, 우리나라 국민 4명 중 1명은 혼자 사는 1인 가구이다. 통계청에 따르면 우리나라 1인 가구 수는 511만 가구로 전체 가구 수의 26%에 달했다. 이는 전체 가구의 4분의 1이다. 통계청은 1인 가구 수가 오는 2035년에는 34%로 더욱 크게 성장할 것으로 분석했다.

1인 가구가 새로운 소비 주체로 등장하면서 1인 가구를 겨냥한 상품 및 서비스를 의미하는 '솔로 이코노미'(solo economy)가 급격히 성장하고 있다. '솔로 이코노미'란 2012년 미국 뉴욕대 에릭 클라이넨버그 교수가 쓴 '고잉 솔로'(Going Solo)라는 책에서 처음 등장한 신조어이다.

결혼을 미루거나 아예 하지 않는 미혼과 결혼 후 이혼하는 사람이 증가하고, 100세 시대가 되면서 배우자와 사별한 채 혼자 살아가는 고령자도 늘어나고 있다. 1인 가구의 증가는 사회 곳곳에 큰 변화를 부르고 있다.

최근 혼자 밥 먹는 '혼밥족', 혼자 술 먹는 '혼술족'이 증가하고 있다. 영화 및 여행업계에서도 혼자 영화 보는 사람과 혼자 여행이나 취미를 즐기는 소비자들을 주목하고 있다.

▸▸ [그림 17] 편의점에서 혼자 밥 먹는 '혼밥족' ◂◂

솔로 이코노미의 특징은 4S로 요약된다. ① 주택, 가구 그리고 가전 등은 기존보다 더 작고(Small), ② 똑똑한(Smart) 제품을 선호하고, ③ 간편하고 한 번에 해결하려는 원스톱 소비경향이 강하기 때문에 1인 가구를 위한 새로운 유형의 서비스(Service)와 제품들이 나타나고 있으며, ④ 또한 '우리'가 아닌 '나'(Selfish)를 위한 소비 행위가 강한 싱글슈머로 불리는 새로운 소비주체로 떠오르고 있다.

2. 1인 가구에 주목하라

이제 1인 가구에 주목해야 한다. 기업들에게는 최근 전부터 '싱글족'이 화두로 떠올랐다. 거리를 가다 보면 밥버거, 도시락 등의 테이크아웃 전문점처럼 혼자 먹을 수 있는 음식점이 늘어났고, 1인 가구 밀집 지역에는 아이스크림, 빵까지 배달해주는 곳이 생겼다.

요즘 1인 가구는 과거와는 사뭇 다르다. 예전 독신 가구는 2인, 3인 가구로 넘어가기 위해 잠시 머무르는 중간 단계의 느낌이었다면, 요즘 싱글족은 굳이 가족을 구성해야 한다는 의무감에서 많이 벗어나 있다. 그 결과 싱글족은 '싱글슈머(single+consumer)'라는 용어를 만들어낼 만큼 새로운 소비층으로 부각되고 있다.

싱글슈머는 무조건 소비를 적게하는 것이 아니라, 자신이 좋아하는 것, 가치 있다고 생각하는 것에는 아낌없이 돈을 쓰는 특성이 있다. 따라서 이들 싱글슈머가 경제에 미치는 영향력은 엄청나다. 한 카드사의 조사에 따르면 1인 가구 소비액은 한국 전체 소비 규모의 20%에 달하는 수준이다.

예를 들어, 1인 가구는 편의점 도시락의 폭발적 성장을 주도하고 있다. 편의점 CU의 도시락 매출액은 매년 194% 증가하고 있다. CU 도시락은 전통 인기 상품인 바나나 우유와 소주를 제치고 자사 매출 베스트셀러 1위로 올라서는 이변까지 벌어졌다. GS25의 작년 도시락 매출 신장률도 174.6%였다. GS25의 지난해 베스트상품 중에는 도시락 제품이 단연 상위권을 차지하고 있다.

또한 싱글슈머의 증가는 커피 시장에서도 트렌드 변화를 이끌어내고 있다. 커피업계는 싱글족을 위해 고품질 원두를 이용한 프리미엄 캔커피를 잇따라 선보이고 있다. 커피전문점에서나 맛볼 수 있던 드립커피를 혼자 만들어 즐길 수 있는 일회용 드립커피 시장도 급성장하고 있다.

싱글슈머의 스몰 인테리어 열풍에 힘입어 소형세탁기, 1인용 밥솥, 미니 냉장고 같은 가전제품 판매도 크게 늘어났다. 이처럼 싱글슈머의 경제적 영향력은 광범위하게 나타나고 있다. 새로운 소비문화를 이끌어가는 싱글슈머에 더욱 주목해야 할 때다.

3. 4인 가족이 사라지고 있다

일반인들의 통념상 가족이라고 하면 아버지, 어머니, 자녀 두 명의 4인가족의 자연스럽게 연상하게 된다. 그러나 이제 우리나라에서 '4인 가족'이 사라지고 있다. 통계청에 따르면 1980년 우리나라의 평균 가구원 수는 4.5명 이었다. 하지만 이후 급속하게 줄어들기 시작해 1990년에 3.74명이 되었고, 2000년대 이후 함께 사는 가족 수는 2명대로 떨어졌다. 2010년의 우리나라 가구 구성원은 평균 2.6명이다. 이제는 4인은커녕 3인도 안 된다는 말이다.

서울시만 떼어서 보면 2000년 서울시 전체 가구 중 4인 기구 비중이 32%였는데 2010년에는 20%로 줄었다. 통계청 예측으로는 2020년이면 17%, 2025년에는 14%로 더욱 줄어들 것이라 한다.

자, 이렇게 되었다는 것은 무슨 의미일까? 더 이상 가족이 사회의 기본단위가 될 수 없다는 뜻이다. 한국인의 인식 속에 가족이란 통념상으로 4명은 될 것이라 상정했다. 그래서 세금도 가족 단위로 매기고, 자동차를 만들 때에도 4-5인이 타는 것을 예상하고 시트를 만들었다. 그런데 앞의 몇 가지 통계만 보아도 더 이상 4인 가구가 사회의 기준이 될 수 없음을 알게 된다. 아직 3인 가구의 비중까지 크게 줄지는 않았지만 2025년이 되면 3인, 4인 가구를 합쳐봐야 30%를 넘기 어려울 전망이다.

가족에 대한 기존의 규정이 흔들리면서 소비문화는 이미 바뀌기 시작했다. 4인 가구가 주요 고객이던 패밀리 레스토랑의 전망이 불투명하게 되었으며, 대형마트의 미래도 그리 밝지 않다. 대형마트는 아이가 있고 자가용이 있는 4인 가족용이다. 그런데 혼자 살거나 부부만 사는 이들이 주로 가는 곳은 대형마트가 아니라 편의점의 득세로 나타나고 있다.

이렇게 되면 냉장고가 클 필요도 없다. TV도 무조건 큰 걸 사지 않는다. 인구가 많으면 또래끼리의 경쟁도 심해져서 옆집이 새 TV를 사면 나도 샀는데, 이제는 큰 화면으로 보고 싶은 사람은 대형 TV를 사고, 그렇지 않으면 아예 사지 않아도 신경 안쓴다. 과거에는 옆집이 뭘 샀는지 따지는 'What' 중심의 소비였다면, 이제는 내가 이걸 왜 사야 하는지를 생각하는 'Why' 중심의 소비로 바뀌고 있다.

PART Ⅴ

거시적 환경의 변화

인구, 기후, 에너지의 변화

Ⅰ. 인구변화

1. 가장 정확한 예측 – '인구감소'

미래에 대한 가장 정확한 예측 중 하나는 '앞으로의 인구는 줄어든다'는 것이다. 이러한 인구변화는 암울한 미래사회를 재촉한다. 인구감소로 인해 모든 분야의 전략과 정책이 근본적으로 바뀌고 있다. 예를 들어, 거시경제부터 정부정책, 그리고 기업경영 측면에 이르기까지 근본적인 접근변화를 요구한다. 거시경제로 보면 성장률의 하락 · 고착, 고용시작의 구조변화, 격차확대의 불안심화 등의 부정적

▸▸ [그림 18] 앞으로의 인구변화 추이 ◂◂

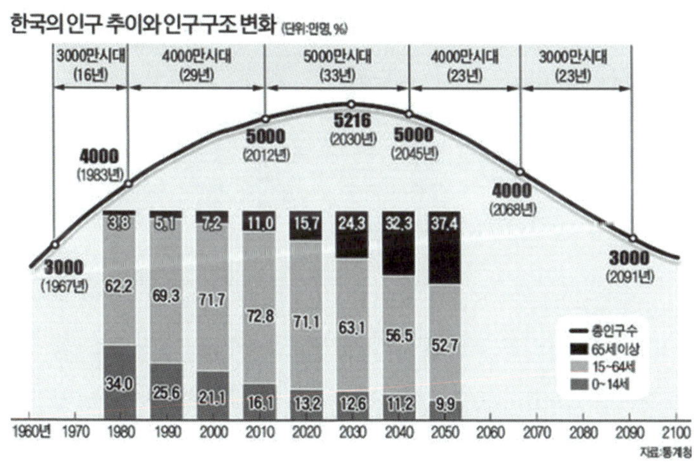

환경변화가 가속화됨을 뜻한다. 정부정책에서는 사회안전망의 불안 심화, 고용불안의 경직화, 자원배분의 비효율성, 성장활력의 부재 등이 대표적이다. 기업경영에도 인구변화는 악재다. 서비스업은 좀 낫겠지만 제조업, 금융업 등은 획기적인 전략변화 없이 생존담보가 힘들 수밖에 없다.

2. 인구감소: 저출산은 왜 일어나는가

▸▸ [그림 19] 앞으로의 인구변화 추이 ◂◂

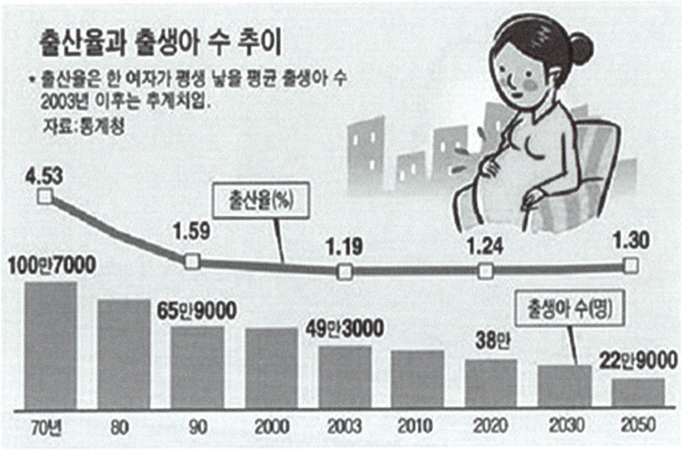

출산기피의 원인은 과도한 양육 및 교육비용 탓이다. 즉 요즘은 아이를 가르치려면 돈이 너무 많이 든다. 그래서 아이 낳을 엄두를 내지 못한다. 잘 키우고 싶은 열망이 너무 큰 나머지 오히려 아이를 낳지 못하는 역설적 상황이 벌어진 것이다.

맞벌이면 한 명 월급이 고스란히 양육비로 들어간다. 저비용·고품질의 국공립 양육시설은 '대기 아동'이라는 말처럼 접수해놓고 한참을 기다려도 순서가 '올까말까'다. 국공립 양육시설이 어려우니, 사교육 양육시설에 맡기면 상당한 금전부담이 뒤따른다. 또한 저출산의 원인으로 빠지지 않고 지목되는 문제 중 하나는 일과 가정의 양립이 어렵기 때문이라는 것이다.

우리나라의 교육수준은 1990년대와 2000년대를 지나면서 크게 높아졌다. 특히 여성의 교육수준 향상이 괄목할 만하다. 여성 교육수준이 높아짐에 따라 우리 사회에 두 가지 현상이 나타났다. 하나는 출산을 기피하게 되었다는 것이다. 고학력 여성들의 사회참여가 활발해진 반면 워킹맘의 현실은 여전히 녹록지 않기에 여성의 출산의지가 꺾일 수밖에 없다는 것은 이미 많은 연구를 통해 알려진 바다.

생존환경이 각박해지니 탄탄대로의 인생을 위한 입시경쟁은 일찍부터 시작된다. '부르는 게 값'인 천문학적인 사교육비는 자연스럽다. 부모허리는 휠 계제가 아니다. 부러질 지경이다. 한편에서는 엽기적인 '자녀학대'도 일상적이다. 금전압박·가족해체·현실불만·심리불안의 불똥이 자녀에게 튄 결과다. 가난·분열이 부모를 변질시킨 셈이다. 또 경쟁지상주의와 승자독식주의는 '따돌림(왕따)'을 힉내이슈로 정착시켰다. 상생의 공동체는 사라졌다.

이렇듯 인간성이 희박해진 사실상의 무한경쟁을 뚫고 졸업했다면 비교적 안정적인 사회데뷔가 펼쳐지는 게 옳다. 그럼에도 현실은 정반대다. 좌절로 시작하는 사회데뷔와의 만남이다. 20대의 90%가 백수인 '이구백'과 장기간 미취업자인 '장미족'이 대학가에 수두룩하다. 눈물 젖은 청년세대를 괴롭히는 고용불안의 상징단어다. 아등바등 필수인 대학 5학년을 버티고 6학년까지 선택해본들 희망은 별로다. 부모세대라면 꿈도 못 꿀 스펙인데 패배낙인은 고질적이다. 뽑히는 자에게 선택권은 없듯 채용시장은 수요자 위주로 재편된다.

기업은 저성장을 내세워 청년고용을 경비절감의 우선대상으로 골랐다. 뽑아도 비정규직이고, 월급은 올려줄 생각이 별로 없다. 회사도 할 말은 있다. 뽑아본들 스펙만큼 능력이 없고 성향마저 개별적·이기적이라 조직 부적응이 당면숙제다. '온실화초'를 '야생들풀'로 변신시켜야 하는데, 거세지는 경쟁격화 속에 그럴 시간·비용도 부담스럽다. 신입사원은 술도 싫고 회식도 싫어한다.

직장은 더 살벌해질 전망이다. 인구변화가 고착화시킬 디플레시대에 걸맞는 '비정규직' 전성시대는 이미 고용현장의 키워드가 됐다. 고용 없는 성장과 비용절감형 성장은 청년지갑을 위험에 빠트린다. 저성장·고령화로 시작된 임금정체·하락기조다. 손쉬운 카드는 뽑을 때부터 월급을 덜 주고 언제든 자르는 비정규직으로 요약된다. 인구증가로 요약되는 고도성장 때 평생을 책임지던 종신고용·연공서열은 월급감축으로 사라졌다.

물론 정규직도 힘들어질 확률이 높다. 정규직이라고 정년을 보장받는 시대는 지나갔다. 회사는 정규직을 보호해줄 명분도 실리도 없다. 인구감소로 소비축소가 본격화되면 비용절감을 위한 고용변질은 당연한 기업선택이다. 해외진출 등으로 새로운 시장창출에 나서

겠지만 역시 승자기업은 일부일 뿐 대부분은 생존담보가 힘들다. 정규직은 더 줄어들 수밖에 없다.

혼자가 힘드니 둘이 벌어야 할 판이다. 대세가 된 맞벌이 추세다. 남편전업만으로 힘들어져 전업이든 부업이든 간에, 아내의 경제활동은 필수다. 출산・육아 탓에 발생하는 경력단절의 주부라면 이제 인생전체에 걸친 행복권은 박탈될 수밖에 없다. 현모양처의 합리성은 어디에도 없다. 무조건 버티는 게 장수사회의 미덕일 뿐이다.

3. 고령사회

현재 전 세계인의 평균수명은 약 67세이다. 아프리카의 경우 열악한 환경으로 인해 평균 50세를 겨우 넘기는 데 불과하나 아시아 69세, 유럽 74세, 미국 78세 등 선진국들은 대개 70세가 넘는다. 한국의 경우 남녀 평균 79세를 기록하고 있으며, 일본은 평균 82세를 나타내고 있다.

이 같은 평균수명의 가파른 상승으로 2008년에 태어난 아이는 앞으로 130세까지 거뜬하게 살 수 있을 거라고 한다. 지금의 젊은이들이 100세를 넘기는 것이며 기정사실화되어 있다.

65세 이상 노인 인구가 7%를 넘으면 '고령화사회'가 된다(고령화사회란 말은 UN에서 시작돼 이제는 전 세계가 공유하고 있다). 14%를 넘으면 '고령사회'가 되고, 20%를 넘으면 '초고령사회'가 된다. 한국은 2000년에 이미 65세 이상 노인 인구가 7.2%를 차지해 고령화사회로 접어들었다. 2018년이 되면 14.3%가 되어 고령사회로 진입하며, 2026년에는 노인 인구 비중이 20.8%가 되면서 초고령사회를 맞는다. 국민 5명당 1명이 노인으로 분류되는 셈이다.

특히 주목할 문제는 한국의 고령사회로 가는 과정이 세계에서 그 유례를 찾아보기 힘들 정도로 빠르게 진행되고 있다. 18년 만에 고령화 사회에서 고령사회로, 8년 만에 고령사회에서 초고령사회로 진행되는 것이다.

노년층이 계속해서 늘어나면서 대두되는 심각한 문제 중 하나는 노동력 부족으로 인한 사회 문제이다. 전체 인구는 2018년을 정점으로 감소하지만 생산 가능한 인구 즉, 노동력은 2016년을 정점으로 줄어들고 있다. 노동력이 줄어들면 어떻게 될까? 앞에서 언급했다시피 두말할 것도 없이 경제 성장에 문제가 생긴다. 이미 초고령사회로 접어든 일본의 경우 1990년대 초반부터 노동력이 줄어들기 시작하였다. 그때부터 일본 경제의 '잃어버린 10년'이 시작됐다.

이러한 현상이 우리나라에도 닥치면 어떻게 될까? 실제로 많은 사람들이 우리나라에도 일본처럼 잃어버린 10년, 20년이 올까 봐 걱정하고 있다. 이러한 암울한 판단의 기저에는 앞으로 우리가 맞게 될 인구 및 노동력 감소에 대한 우려가 깔려 있다.

▸▸ [그림 20] 한국의 고령화 추이 및 전망 ◂◂

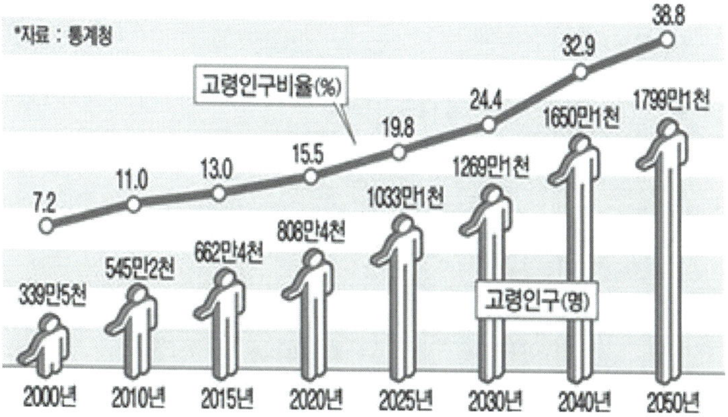

4. 일본보다 더 빠르게 늙어간다

현재 시점에서 세계에서 고령화 비율이 가장 높은 나라는 일본이다. 초고령사회에 진입한 일본의 경우 지난 20여 년간 많은 변화가 일어났다. 많은 전문가가 '잃어버린 20년'으로 상징되는 일본의 장기 경기침체의 주원인 가운데 하나를 인구변동으로 지목하기도 했으며, 고령화 비율이 높아지는 기간 동안 가구, 건설, 제지 등의 산업이 마이너스 성장을 기록한 반면 통신, 부동산 임대와 같은 산업은 성장세를 보이는 등 산업구조도 같이 변화하였다.

우리나라와 과거 일본의 유사성을 비교할 때 가장 많이 강조되는 점이 바로 인구 고령화에 따른 노동력 부족 현상이다. 통계청이 출산율 등을 고려해 추정한 결과 우리의 인구 고령화가 진행되는 속도는 당시 일본보다 더 빠를 것으로 예상된다. 일본의 65세 이상 고령

인구 비중은 1990년 12.1%에서 2010년 23.0%로 20년간 연평균 0.5%P씩 높아졌다. 우리나라의 고령화 율은 2013년 12.2%로 일본의 1990년 수준과 비슷하다. 하지만 20년 후인 2033년의 고령화 율은 26.7%로 예상되어 일본보다 인구 고령화가 빠르게 진행될 것으로 추산된다.

우리나라의 생산가능 인구는 2016년을 기점으로 해서 감소세로 돌아설 것으로 추정된다. 인구 고령화 때문이다. 이는, 우리나라가 세계적으로 낮은 출산율을 보이는 데 따른 것이다.

따라서 본격적인 초고령사회에 들어서는 향후 10-20년 사이에 우리나라의 경제 및 사회 구조에 상당한 변화의 물결이 닥쳐올 수밖에 없을 것으로 보인다. 물론 이러한 변화는 직업의 세계에도 큰 영향을 줄 것이다. 전망할 수많은 예측 가운데서 가장 확실시되는 부분도 바로 '초고령사회'라고 할 수 있다.

5. 고령 사회가 주는 변화

초고령화 시대에 따른 직업의 변화는 두 가지 관점에서 접근할 필요가 있다. 첫째는 늘어나는 고령 인구를 대상으로 하는 산업의 성장에 따른 직업의 변화이고, 둘째는 일자리를 원하는 고령층의 취업을 한 직업의 전망이다. 먼저 고령친화 산업에 대한 전망을 살펴보면 고령층의 기본 특성에 따라 세 가지 이슈를 생각해볼 수 있다. 첫째는 고령으로 인한 건강 및 의료에 대한 관심, 둘째는 은퇴 여부에 따른 자산 관리 및 주거 문제, 셋째는 새롭게 부각되는 핵심 소비층으로서 소비성향이다. 이와 관련하여 국가적 차원에서 주목하는 9대 영역은 의약품, 의료기기, 화장품, 식품, 여가, 금융, 요양, 주거, 생활용품 분야라고 한다.

고령화 시대로 인해 수요가 늘거나 새로 생겨날 수 있는 직업

예방의학 전문 강사, 건강 기능식품 및 특수의료 용도 식품 판매원, 노인 전문 급식・외식 서비스 사업가, 노화 방지 화장품 연구원 및 개발자, 체취 방지용 화장품 연구개발 전문가, 치과용 임플란트 연구원 및 개발자, 임플란트 전문 치과의, 보청기 연구원 및 개발자, 관절치료기 연구원 및 개발자, 인공수정체 연구원 및 개발자, 암・난치질환 치료제 연구원, 생물노화기술(Bio-gerontechnology) 연구원, 치과용 CT 영업사원, 고령층 마케팅 전문가, 고령친화 주택 리모델링 전문가, 고령친화 콘텐츠 전문가, 고령층 사용 편의성 전문가, 고령층 기반 교통 서비스 설계 전문가, 고령층 금융 전문가(개인연금, 퇴직연금, 자산관리), 고령층 교육 프로그램 기획 전문가 및 강사

동안 가뭄이 든다면 어떻게 될까. 티베트 고원에서 흘러내리는 물은 동아시아 지역에서부터 서남아시아 지역을 거쳐 이집트까지 흘러내려 간다. 티베트 고원에 오랜 가뭄이 들면 지구상에서 인구의 40%에 해당하는 25억 명의 사람들이 물을 구하기가 어려워진다고 한다. 그 결과는 경제적 어려움뿐만 아니라 국가 간 전쟁으로 번지지 않으리란 보장이 없다.

현재, 전 세계적으로 나타나는 심각한 사막화 현상도 지구의 온도가 꾸준히 상승하여 지구온난화가 진행되고 있다는 것을 보여주는 대표적인 사례이다. 지구온난화현상에 따라 과거보다 훨씬 빠른 속도로 사막화가 진행되고 있다. 만약, 현재보다 5도 정도의 기온이 더 상승한다면 북극지방을 제외한 전 세계가 사막으로 변한다고 한다. 이러한 이상기후에 따라 태풍, 홍수, 저지대 침수, 농작물 피해는 물론이고 가뭄, 이상 고온, 물의 순환과 같은 메커니즘 변화 등이 나타나면서 식수 공급 및 식량 생산에 심각한 위협을 초래하고 있다. 현재 전 세계 인구의 66억 명 중 11억 명이 물 부족으로 고통받고 있으며, 2050년에는 20억 명 이상의 인구가 물 부족 사태에 직면할 것으로 보고 있다.

우리나라도 예외는 아니다. 한국은 현재 UN이 지정한 물 부족 국가이다. 물 부족뿐만 아니라 앞으로 100년 뒤에는 급격한 기후변화로 인해 한반도는 아열대 지역으로 분류될 것이라고 한다. 2020년대가 되면 남부 일부 지방에서 아열대의 현상을 보이다가 2060년이 되면 한반도의 절반 이상이, 2090년경에 대한민국 전체가 아열대 지역으로 변할 것이라고 국립사진과학원은 보고했다.

3. 점점 아열대로 바뀌는 우리나라의 바다들

최근 들어 제주도 동북쪽 해역에서 참다랑어(참치)가 1만 마리 넘게 잡혔다. 어민들은 깜짝 놀랐다. 과거 제주 인근에서 구경하기 어렵던 참다랑어가 떼로 잡혔기 때문이다. 참다랑어는 태평양과 대서양의 온열대 해역에서 주로 사는 난류성 물고기다. 전문가들은 남해안 수온(水溫) 상승으로 동중국해에서 올라오는 참다랑어 떼가 우리 해역까지 올라오는 것으로 추정하고 있다. 기후변화로 인해 바닷물 온도가 상승하면서 한반도 주변 해역에서 잡히는 물고기 종류가 바뀌고 있다. 아열대화가 진행되면서 '어종 지도'가 변하는 것이다. 제주도 대표 어종인 자리돔과 옥돔은 이제 울릉도 인근에서도 잡히고 있다.

▸▸ [그림 22] 우리나라의 아열대 기후화 예상도(국립기상연구원) ◂◂

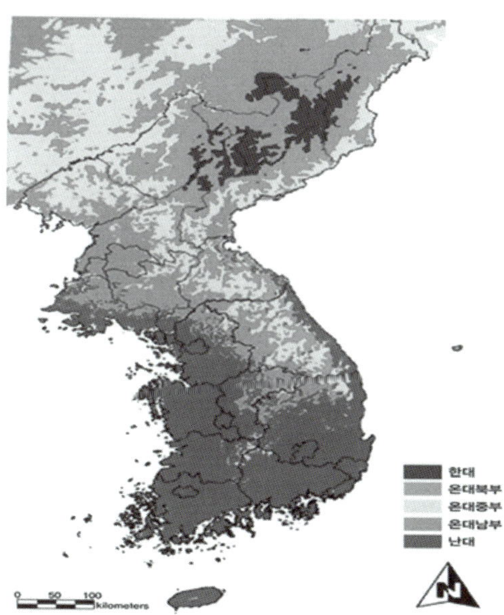

동해와 남해에서 주로 잡히던 대구(大口)도 이젠 보령 앞바다 등 서해에서 어민들이 잡는다. 대구는 1990년대 중반만 해도 어획량의 1% 정도만 서해에서 잡혔다. 그러나 2010년 이후엔 어획량의 최소 30%가 충남 앞바다에서 잡힌다. 남해안 대표 어종 멸치도 이제 동해와 서해에서 잡힌다. 멸치는 1980년대만 해도 서해에서 갈치·꽃게 등보다도 어획량이 적었다. 하지만 2010년대엔 서해에서 어획량이 가장 많은 어종이 됐다.

국민 대표 생선인 명태·청어·준치 등 일부는 우리나라에서 더 이상 보기 어려워지고 있다. 명태는 동해안에서 자취를 감췄다. 남획도 원인이지만 전문가들은 동해 수온 상승으로 한류성 어종인 명태가 좀 더 북쪽으로 올라갔을 것으로 보고 있다. 흑산도 근해에서 잡히던 한류성 어종인 청어와 준치도 거의 잡히지 않는다.

어종 지도가 바뀌는 가장 큰 이유는 한반도 주변의 바닷물 온도 상승이다. 1968년부터 2015년까지 48년간 한반도 인근 표층 수온은 1.11도 올라갔다. 이 기간 전 세계 바다의 표층 수온은 그 절반이 안 되는 0.43도만 올랐다. 특히, 상대적으로 따뜻했던 남해보다 동해와 서해의 수온이 더 올라갔다. 이 기간 남해는 0.91도 올랐지만 동해는 1.39도, 서해는 1.2도 올랐다. 이지훈 전남대 해양기술학부 교수는 "원인은 좀 더 분석해봐야겠지만 우리 바다가 아열대화가 진행되고 있는 것은 분명하다"고 말했다. 해양수산부는 수온 상승과 함께 남획, 간척 사업 등이 어류 서식지에 복합적으로 영향을 미친 것으로 추정하고 있다.

Ⅲ. 지진

최근 경북 포항에서 역대 두번째 규모인 5.4의 지진이 발생한 가운데 전문가들은 양산 단층 일대에서 여진이 수개월간 지속될 것이라고 보고 있다. 실제로 지진이 발생한 전날 규모 5.4의 본진 이후 포항 일대에는 30회 이상의 크고 작은 여진이 발생했다.

▶▶ [그림 23] 포항 지진으로 인한 피해 ◀◀

또한 근래에 경주에서 발생한 규모 5.8 지진과 같은 강진의 가능성도 전혀 배제할 수 없는 상황이라는 것이 전문가들의 의견이다.

양산단층은 포항에서 시작해 경주와 부산, 경남 양산까지 이어지는 단층으로, 지진이 발생할 가능성이 높은 '활성단층'으로 분석되고 있다. 활성단층은 200만 년간 한 번이라도 움직인 단층을 뜻한다.

앞서 지난해 경주 강진은 양산단층에서 발생한 것으로 분석되고 있다. 기상청은 포항 지진의 경우 양산단층 북쪽 부분에서 지류 형태로 뻗은 장사단층에서 발생했을 가능성을 두고 분석 중이다.

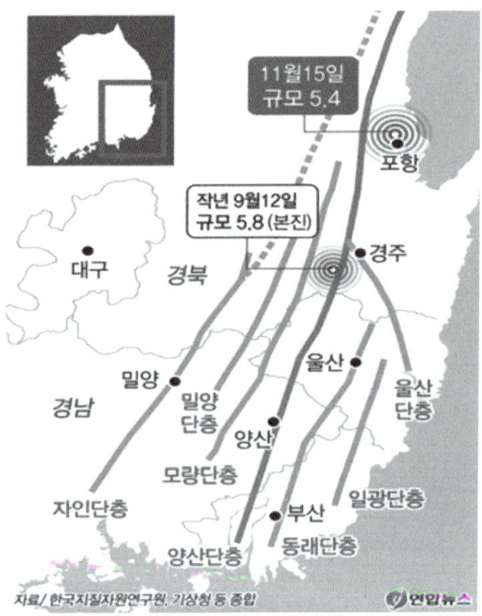

▸▸ [그림 24] 포항, 경주 인근의 주요 단층 ◂◂

그러나 양산단층을 중심으로 일대에서 1년 새 규모 5.0 이상의 큰 지진이 2차례나 발생한 만큼 이 지역에서 지진이 계속될 것이라는 분석이 나오고 있다. 지난해 경주지진과 이번 포항지진의 진앙 간 거리는 약 35㎞에 불과하다.

전문가들은 또한 경북 일대에 원자력발전소, 포항제철 등 중요시설이 분포해있는 만큼 지진 대비에 만전을 기해야 한다고 당부했다.

원자력안전위원회는 지진 발생 직후 “중·저준위방사성폐기물 처분시설 포함한 원자력발전소의 안전에는 이상이 없다”고 밝혔다. 다행히 이번 지진으로 피해가 발생하지는 않았지만 큰 규모의 지진에 대비해야 한다고 전문가들은 지적했다.

Ⅳ. 전염병

뉴욕대 통계학과 교수인 나심 탈레브는 「블랙스완」이라는 책에서 통계적으로 희귀한 현상들이 점점 더 일반화되어 가고 있다는 것을 발표했다. 블랙스완은 전염병 측면에서도 매우 주요한 현상이 되었다. 왜냐하면, 과거 같으면 50년 만에 한 번 일어날까 말까하는 일이 계속 일어나기 때문이다.

예를 들어, 사스, 광우병, 조류독감, 신종플루, 메르스, 지카 등 전염병의 시리즈로 인해 오늘날의 세계는 편안한 날이 없다. 즉, 블랙스완이 일상화되어 가고 있다는 것이다.

2003년에는 사스(SARS)가 홍콩에서 시작되어 중국, 대만 등 중화권 국가들에서 900명 이상의 사상자를 내었다. 2009년에는 신종플루(H1N1)로 전 세계에 걸쳐 1만 4,300명의 사망자를 내었다. 또한 2015년에는 메르스(MERS-CoV)가 발병되어 온 한국사회를 두려움에 떨게 하였다. 근래에는 서아프리카 일대를 시작으로 에볼라 바이러스의 확산으로 1만 1020명의 목숨을 빼앗가는 높은 치사율을 보였다. 아울러, 가장 최근에는 2020년 우한폐렴(신종코로나바이러스)이 발병하여 전 세계적으로 전염병에 대한 큰 두려움을 느끼게 하였다.

그러면, 이러한 전염병은 왜 일어나는 것일까?

첫째, 사스, 신종플루, 조류독감, 메르스, 에볼라, 우한폐렴 등의 전염병들의 특징은 모두 인수공통전염병이라는 것이다. 즉, 사스는 박쥐→사향고양이로 전이, 신종플루와 조류독감은 조류, 메르스는 박쥐→낙타로 전이, 에볼라는 박쥐가 그 원인이다. 놀랍게도 최근 전염병의 핵심은 동물이며, 동물 중에서 박쥐가 숙주가 되었다.

다시 말해, 환경의 파괴로 인해, 원래 제 지역에서 살아야 하는 동물들이 인간의 생활권과 너무 가깝게 다가옴으로써 인간의 몸속에는 없는 면역 바이러스가 침투하는 것이다. 예를 들어, 메르스의 경우를 봐도 박쥐가 산속에서만 살면 문제가 안 되는데, 자연 파괴로 마을로 넘어오고 낙타와의 접촉이 많아지며 낙타 안에서 사람에게 전파되기 쉬운 형태로 바이러스가 변형되기 때문이다. 아울러, 굳이 인간이 박쥐를 음식으로 먹음으로써 인간에게 면역력이 없는 바이러스가 치명적인 문제를 일으키는 것이다.

둘째, 교통의 발달로 인구이동이 활발해짐에 따라 한 국가에서 시작된 질병이 삽시간에 전 세계로 퍼지기 때문이다. 빅데이터 분석 자료에 의하면, 전염병이 과거보다 전 세계적으로 순식간의 퍼지는 경로가 바로 "항공경로"와 일치한다는 것이다. 즉, 비행기 등의 교통의 발달로 인해 이제 전염병은 어느 한 지역의 문제가 아닌 세계 전체적인 문제로 확대되고 있다.

전염병이 심각한 문제는, 이런 신종 바이러스들은 대개 치료제도 백신도 없다는 것이다. 보통 백신 개발에는 7~10년이 걸려 신종 바이러스에 대응하기에는 시간이 충분치 않고, 민간 제약회사들은 엄청난 투자를 해 백신을 개발하기도 전에 바이러스 유행이 끝나 버리면

회수가 어려워 투자를 꺼리기 때문이다. 따라서, 정부나 국제기구 등에서 공공의 목적을 갖고 투자하는 수밖에 없다.

최근에 발생한 우리나라 전염병 발병 일지를 요약하면 아래와 같다.

- 2003년 사스(SARS) 발병
- 2005년 조류독감 바이러스 발병
- 2009년 신종플루(H1N1) 발병
- 2015년 메르스(MERS-CoV) 발병
- 2020년 신종코로나바이러스(우한 폐렴바이러스) 발병

[그림 25] 전염병으로 인한 공포

V. 친환경 에너지

1. 신재생에너지로의 전환

산업혁명 이후 인류 문명은 화석연료의 양대 축인 '석탄'과 '석유'에 의존적인 모습으로 진화해왔다. 석탄과 석유는 인류에게 생산성의 향상과 풍요, 편리함 등을 제공했다. 그러나 온실가스 배출로 인한 기후 변화 등이 심화됨에 따라, 전 세계적으로 석탄과 석유에 대한 의존도를 낮춰야 한다는 데에는 의견을 같이한다. 해결책으로 '신재생에너지'이다. 1차 산업혁명은 증기기관, 2차는 석탄과 석유에 의한 전기, 3차는 신재생에너지로의 변화이다. 3차 산업혁명은 신재생에너지를 이용해 만들어낸 전기가 발전용을 넘어 전기 자동차(EV: Electric Vehicle)까지 사용될 수 있음을 의미한다.

2. 석유 · 석탄 줄고, 신재생에너지 비중 확대

국제에너지기구(IEA)의 '세계 에너지 전망(World Energy Outlook)'에 따르면, 석유 · 석탄 발전 비중은 2013년 67%에서 2030년 57%로 줄어들 것으로 전망한다. 특히, 이산화탄소를 비롯한 온실가스 배출 비중이 에너지 부문 배출량 중 절반 가까이를 차지하는 석탄 화력 발전의 비중이 선진국을 중심으로 확연히 감소한다.

미국의 경우, 2013년 40%에서 2030년 26%로, EU는 2013년 28%에서 2030년 12%로 줄어 전 세계 평균보다 낮아질 것이라는 전망이다. 발전 단가가 가장 저렴해 화력발전의 대안으로 부상했던 원자력 발전은 체르노빌과 후쿠시마 사고 등으로 위험성에 대한 우려가 높아지고 있지만, 안정적 전력 수급을 통해 경제 발전을 도모하는 신흥국에게는 필수적일 수밖에 없다. 때문에 2030년까지 원자력 발전은 과도기적 솔루션으로 약 10% 비중을 차지할 전망이다.

신재생에너지의 비중은 점차 늘어날 것으로 전망되며, 태양광발전과 풍력발전이 신재생에너지의 성장을 주도해 나갈 것으로 보인다. 2030년까지 풍력발전은 연평균 8%, 태양광발전은 연평균 12% 정도로, 전체 발전원의 성장률 2%를 훌쩍 뛰어넘는 수치다. 두 에너지원은 성장 궤도는 비슷하지만, 지역별로 다른 양상을 보인다.

풍력은 미국, EU를 중심으로 성장세가 두드러지며, 태양광은 중국과 인도 등 신흥국을 중심으로 성장할 것으로 전망된다. OECD 국가의 태양광발전은 연평균 8% 수준으로 성장하지만 비OECD 국가의 성장률은 20%로 OECD 국가의 성장률의 2배 이상이다. 그래도 여전히 신재생에너지가 전체 발전량에서 차지하는 부분은 2030년 약 14% 수준으로 화석연료(57%)에 비해 미미한 수준이기는 하지만, 신재생에너지 산업의 성장 속도로 미루어볼 때 에너지 패러다임 변화를 이끌 구심점이 될 것은 분명하다.

▸▸ [그림 26] 신재생에너지 '풍력발전' ◂◂

3. 대체에너지 개발

전 세계의 석유 고갈과 관련하여 미국의 지질학자 로버트 허쉬(Robert Hirsch) 박사가 발표한 자료에 따르면 원유생산이 피크에 달하는 시점을 2008년에서 2018년 정도로 예견했다. 여기서 중요한 것은 2004년에 발표할 당시 원유생산이 예상했던 시점 이전에 피크에 달하는 경우가 발생하면 아주 좋지 못한 시나리오가 될 것이라고 한 점이다.

신재생 에너지의 경제성을 보자. 태양광, 풍력, 바이오매스, 조력, 소수력 등이 대표적인 신재생 에너지를 자원 활용 측면과 비용 효율 측면에서 비교해 보면 태양광이 자원조달 측면과 설치의 용이성, 종

합자원 측면에서 가장 좋은 에너지원이다. 비용의 효율성에서 본다면 태양광은 초기 설치비용이 많이 든다. 하지만, 지원 활용 측면과 비용 효율이란 양면성을 놓고 봤을 때 태양광이 현재로써는 가장 효율적인 신재생 에너지이다. 그다음으로 풍력, 바이오매스, 조력, 소수력 등의 순이다.

에너지 발전 단가면에서도 현재 태양광이 가장 높으면서 잠재력이 가장 풍부한 에너지원으로 평가된다. 이는 현재의 기술적인 한계 즉, 전기에너지를 축적하는 배터리의 생산 비용, 송전망 기술 등에 기인하는 바가 크기 때문이다. 앞으로 지능화된 전력망, 즉, 스마트 그리드(Smart Grid)가 활성화되거나 전기에너지 축적에서 기술적인 혁신 여부, 그리고 생산량을 증가해 평균생산비용을 하락시키는 규모의 경제가 이루어진다면 해결되리라 본다.

위와 같이 차세대 전력망으로 단기적인 측면에서는 풍력을 꼽지만 장기적인 측면에서는 태양광발전을 선호할 것이라고 한다. 이러한 관점에는 태양광이 전력의 효율적인 관리가 가능할 뿐만 아니라, 지구에서 얻을 수 있는 가장 무제한적인 자원이라는 점이다. 태양광발전과 풍력발전을 비교해볼 때 풍력발전은 낮보다는 아침과 밤에 전력의 생산이 집중적으로 이루어지는 경향이 있다. 계절적으로는 여름철 보다 겨울철에 전력의 생산이 많이 이루어진다. 이는 전력소모가 가장 많이 이루어지는 시간대이다. 그러한 점에서 태양광발전은 풍력발전보다 장점을 갖추고 있다. 전기를 가장 많이 쓰는 시간대에 생산하므로 전력 수요 관리에 가장 적절한 방식이다.

태양광 에너지는 지상에서 얻을 수 있는 에너지원일 뿐만 아니라 우주에서도 발전해 얻을 수 있다. 우주 태양광발전의 원리는 태양 전지판을 단 위성을 지구 상공의 정지궤도에 띄어서 전기를 생산하는 것이다. 이렇게 된다면 생산된 에너지를 파장이 짧은 마이크로파나 빛의 일정인 레이저로 바꿔 지구로 보낸다. 우주 태양광발전의 가장 큰 장점은 우주 상공에서 이루어지므로 밤낮의 구분이 없고, 구름이나 날씨의 영향을 받지 않아 훨씬 더 많은 양의 전기를 생산할 수 있다는 점이다.

하지만, 우주 태양광발전의 문제는 막대한 비용 발생한다는 것이다. 태양광으로 지구 전체가 필요로 하는 전력을 만들려면 한반도의 10배 정도 면적의 전지판이 필요하다. 앞으로는 다수의 위성 및 전지판 제작비용, 위성 발사비용, 송전비용 등 해결할 과제가 많다. 이런 문제들은 발전단가를 낮추기 위한 기술 혁신을 촉진할 것이다.

경영학박사 **박 종 필**

경영학박사 박종필은 변화하는 미래트렌드에 대해 많은 관심을 가져왔다. 특히 미래의 변화 그 자체 보다는 한 개인(個人)으로서 '어떻게 미래를 준비해야 하는가?'에 대해 큰 관심을 가져왔다.

미국 뉴욕대(New York Univ.)와 연세대학교에서 수학하였으며 연세대학교 경영연구소 연구원/전문연구원을 역임한 후, 현재 경남대학교 경영정보학과 학과장 및 조교수로 재직하고 있다.

20대 때부터 '삶의 즐거움을 가르치는 사람이 되자!'라는 분명한 삶의 모토를 설정하고 젊은 대학생들을 가르치는 일을 천직(賤職)으로 생각하고 있다. 앞으로도 강의와 연구에 집중하여 미래트렌드에 대한 계속적인 책에 대한 출간을 계획하고 있다.

저자와의
협의하에
인지생략

AI + X:
4차 산업혁명과 비즈테크

2020년 2월 10일 1판 1쇄 인쇄
2020년 3월 1일 1판 1쇄 발행

저 자 박 종 필
발행인 김 광 식
조 판 아 람 기 획

발행처 07285
서울특별시 영등포구 선유로3길 10, 617호
도서출판 **탑 북 스**
등 록 2009.12.21 제 2016-000101 호
전 화 02)365-2223 팩스 02)365-2224

정가 15,000 원

ISBN 979-11-90247-22-1-93320